Carl Christian Erhard Schmid

Grundriss des Naturrechts

Carl Christian Erhard Schmid

Grundriss des Naturrechts

ISBN/EAN: 9783743345096

Hergestellt in Europa, USA, Kanada, Australien, Japan

Cover: Foto ©ninafisch / pixelio.de

Manufactured and distributed by brebook publishing software (www.brebook.com)

Carl Christian Erhard Schmid

Grundriss des Naturrechts

Grundriß des Naturrechts.

Für Vorlesungen

von

Carl Christian Erhard Schmid,
Professor der Philosophie zu
Jena.

Frankfurt und Leipzig,
1795.

Vorrede.

Die Zahl der Schriften, und besonders der Lehrbücher über das Naturrecht, ist zwar seit wenigen Jahren beträchtlich angewachsen, und daher sollte man denken, ein neues Lehrbuch darüber erscheine dermalen zur Unzeit. Allein davon konnte sich der Verf. des gegenwärtigen doch nicht überzeugen.

Hat das seinige eben den Zweck, den so viele andere haben, und den ihre Verfasser, jeder auf seine Weise, zu erreichen suchten: so darf sich dasselbe wohl an die lange Reihe seiner Vorgänger noch anschliessen, und, ohne deren Verdienst zu schmälern, sich wo möglich, ein neues, eigenes zu erwerben streben.

Bey Verfertigung desselben ist der Verfasser auf folgende Art zu Werke gegangen. Vorerst verschafte er sich blos eine flüchtige Uebersicht dessen, was für das Naturrecht bereits geschehen ist; dann bearbeitete er dasselbe systematisch, ganz nach seinem eigenen Gedankengange, und nun fieng er erst an, die Wege, Umwege und Irrwege seiner Vorgänger genauer zu beobachten; dabey nahm er sich aber wohl in Acht, daß er nicht etwa, im übergrossen Eifer, alles Fremde zu benutzen, die ungleich wichtigere Sorge für Uebereinstimmung mit sich selbst im Denken und für Simplicität in der Darstellung vergessen, und in Labyrinthe einer gelehrten Inconsequenz gerathen möchte.

Das Bewußtseyn, selbst gedacht und sich in Entwickelung seiner Gedanken nicht übereilt zu haben, soll ihn keineswegs an dem offenen Geständniß hindern, daß er den treflichen Vorarbeiten so mancher, um das Naturrecht sehr verdienter Männer — eines Kant, Hufeland, Jakob, Schmalz, Hofbauer, Maaß, des Verfassers der Beyträge zur Berichtigung der Urtheile über die französische Revolution, Höpfner, Ulrich u. s. f. sehr vieles verdankt; wenn er sie gleich da, wo er ihnen beystimmt, nicht angezogen, und wo er anders denkt, nicht förmlich widerlegt hat. Dazu fand sich in dem kleinen Lehrbuche kein Raum; eher muß sich zuweilen in den Vorlesungen Zeit dazu finden.

Der akademische Unterricht, für welchen dasselbe geschrieben worden, ist eigentlich nur zur Einleitung in das Studium einer Wissenschaft bestimmt; er soll den Zuhörer in den Stand setzen, seine Wissenschaft selbst zu studieren, und fremden Unterricht, wozu in Schriften ein so reicher Stoff dargebothen wird, nicht entbehren, sondern — besser fassen, ordnen, prüfen, und zu eigner Ausbildung eines Lehrgebäudes verarbeiten zu können. Daher glaubte der Verfasser bey diesem Entwurfe seine größte Sorgfalt auf die gründliche Herleitung, genaue Bestimmung und systematische Entwickelung der ersten, reinen Principien dieser Wissenschaft wenden, dagegen aber alles, für den ersten Unterricht entbehrliche, und der leichten Uebersicht des Ganzen hinderliche, Detail in der Anwendung dieser Grundsätze, alle überflüssige Terminologie, alle polemische Rücksichten und alle Abschweifungen in das Gebiet angränzender Wissenschaften, als der Moral, der Politik, der positiven Jurisprudenz und ihrer Philosophie — vermeiden zu müssen.

Das Naturrecht gehört der Vernunft, und diese keiner Parthey an. Zeitverhältnisse und politische Lagen ſey. Es lag allerdings auf ſeinem Wege, manche Lehre vorzutragen, die durch Mißbrauch gefährlich werden könnte; um allen dieſen möglichen Gefahren auszuweichen, dürfte kein Menſch über wichtige, menſchliche Angelegenheiten verſtändlich ſchreiben oder auch nur ſprechen. Es lag aber auf eben dieſem Wege, das Recht des Staates und des Regenten für eben ſo heilig und unverletzlich zu erklären, wie das Recht des Einzelnen und des Unterthanen; der Gebrauch deſſelben mag übrigens wohl thun oder drücken. Hier mußte er entweder gegen den Ton der neueſten kosmopolitiſchen Aufklärung verſtoſſen, oder das läugnen, was ihm doch durch treue Folgerung aus dem oberſten Rechtsgeſetze abzuflieſſen ſchien. Wenn er demnach (was manche freylich bedauren werden) keine ſolche Lehre aufſtellt, deren Ausübung für die nichtlebende Generation und für die beſtehenden Regierungen auf irgend einige Weiſe gefährlich werden müßte, ſo geſchieht dieſes lediglich darum, weil er, um dieſelbe aufzuſtellen, ſeinem anerkannten Rechtsprincip und dem Denkgeſetze der durchgängigen Conſequenz im Urtheilen untreu hätte werden müſſen. Mögen doch ſchwärmeriſche Weltreformatoren, deren Philoſophie durch eine ſchaffende Einbildungskraft weit über die Verſtandsgeſetze hinübergeführt wird, davon Anlaß nehmen, ihn um der Schranken willen, die das Vernunftgeſetz ſeinem Kopfe anweiſt, zu bemitleiden, oder um ſeines kalten Herzens willen, das für phantaſtiſche und rechtswidrige Pläne zu Befreyung und Beglückung der Völker keiner Begeiſterung empfänglich iſt, zu verabſcheuen und zu verdammen.

Einleitung.

§. 1.

Philosophie des Rechts (jurisprudentia naturalis) ist die Wissenschaft, d. i. die Erkenntniß der lezten (vorstellbaren) Gründe, von aller äussern praktischen Gesetzgebung, oder von der praktischen Möglichkeit, die Idee von dem äusseren vollkommenen Rechte durch äussere physische Kraft zu realisiren.

§. 2.

Die allgemeine Vorstellung von dem übereinstimmenden Zusammenhange eines Mannichfaltigen heißt eine Regel; die Vorstellung von der Allgemeinheit und Nothwendigkeit dieses Zusammenhanges ein Gesetz.

§. 3.

Jede Vorstellnng von dem Zusammenhange des Mannichfaltigen gründet sich in dem Vermögen der Einheit, d. i. dem Verstande oder der Vernunft des Menschen. Diese bezieht sich auf das Mannichfaltige

a) der unabhängig von uns existirenden Gegenstände als theoretische Vernunft;

b) in dem, was von unsrer eignen freyen Thätigkeit abhängt, als praktische Vernunft.

Es giebt daher theoretische Regeln und Gesetze und praktische Regeln und Gesetze

§. 4.

Die Uebereinstimmung des Gebrauchs der Freyheit mit einer praktischen Regel (2) heißt Recht im allgemeinsten Sinne, derjenige Gebrauch der Freyheit, welcher mit praktischen Gesetzen übereinstimmt, heißt Recht in bestimmterer Bedeutung.

§. 5.

Es giebt kein praktisches Gesetz ausser dem moralischen Gesetze, und demjenigen, welches davon abhängt. Eigentlich Recht ist also die Uebereinstimmung des Gebrauchs der Freyheit mit dem moralischen Gesetze.

§. 6.

Das einzige allgemeine und nothwendige, praktische Gesetz, nemlich das Sittengesetz gebietet nichts anders, als — allgemeine Gesetzmäßigkeit in allen meinen freyen Handlungen, d. h. ich soll nach solchen Regeln handeln, von denen ich wollen kann, daß sie als allgemeines Gesetz für jedes freye vernünftige Wesen gelten.

§. 7.

Das Sittengesetz (6) untersagt schlechthin einen jeden Gebrauch der Freyheit, welcher sich, als allgemein gedacht, selbst zerstören würde. Das Sittengesetz gebietet einen solchen Gebrauch der Freyheit, welcher als allgemein gedacht, sich nicht nur nicht selbst zerstört, sondern selbst befördert. Darauf beruht der Unterschied zwischen dem unvollkommenen Rechte, (dem Recht der Güte) und dem vollkommenen strengen Rechte.

§. 8.

Das unvollkommene Recht (der Güte) ist also derjenige Gebrauch der Freyheit, welcher sich als allgemein gedacht, nicht nur nicht selbst zerstören, sondern selbst befördern würde; strenges Recht ist derjenige Gebrauch der Freyheit, ohne welchen sich die Freyheit selbst zerstören würde.

§. 9.

Das strenge Recht (8) d. i. derjenige Gebrauch der Freyheit, welcher, als allgemein gedacht, sich nicht selbst zerstört, ist theils ein inneres, theils ein äusseres. Innerlich strenges Recht ist dasjenige, was mit solchen Gesezen besteht, ohne welche der Gebrauch der Freyheit sich in einem und ebendemselben Individuum selbst zerstören würde. Aeusseres strenges Recht ist der Gebrauch der Freyheit auf diejenigen Bedingungen beschränkt, unter welchen sie mit jedes andern Freyheit nach allgemeinen Gesetzen bestehen kann.

§. 10.

Ein praktisches Gesetz heißt ein inneres (Pflichtgesetz, Gewissensgesetz), in so fern es ein freyes Wesen zu gewissen Handlungen innerlich nöthiget und verbindet; ein äusseres (juridisches Rechtsgesetz), in so fern dasselbe ein freyes Wesen äusserlich nöthiget und zwingt. Die innere Gesetzgebung ist also die Vorstellung der praktisch nothwendigen Einheit in dem Mannichfaltigen freyer Handlungen, in so fern dieselbe durch die bloße Vernunft nicht nur als gültig bestimmt, sondern auch durch sie allein geltend gemacht wird; die äussere Gesetzgebung ist diejenige, welche zwar durch die bloße Vernunft bestimmt, aber durch physische Kräfte geltend gemacht (realisirt) wird.

§. 11.

Die Untersuchung der Würklichkeit eines äusseren Gesetzes (.10), als einer Thatsache, ist historisch; die Untersuchung der praktischen Möglichkeit und Nothwendigkeit desselben, ist aber **philosophisch** und zwar **praktisch**. Nun ist die äußere Gesetzgebung, d. i. die Bestimmung einer Handlung durch Zwang, als eine freye Handlung, wie jede andere, der innern als der höchsten praktischen Gesetzgebung, ihrer praktischen Möglichkeit nach, negativ untergeordnet; positiv beruht sie aber auf moralisch zulässigen (oder in anderer Rücksicht auch wohl nothwendigen) Zwecken der Zwingenden und auf dem Verhältnisse ihrer Uebereinstimmung mit dem Zwecke. Die vernunftgemäße Vereinbarkeit eines äussern Gesetzes mit dem innern überhaupt, wird untersucht nach reinen praktischen Vernunftprincipien; die Uebereinstimmung desselben mit seinem Zwecke, d. i. seine Zweckmäßigkeit wird nach Grundsätzen der empirischen praktischen Vernunft erwogen. Jenes führt zu einer Weisheitslehre, dieses zu einer Klugheitslehre der äussern Gesetzgebung.

§. 12.

Eine **äussere Gesetzgebung** (10), so fern sie nicht dem innern, sittlichen Gesetze Abbruch thun soll, muß mit sich selbst übereinstimmen. Sie kann sich also

1) nur auf äussere Handlungen, nicht auf Gesinnungen und Maximen beziehen.

Das Innere ist kein Objekt äusserer Beurtheilung, folglich ist jeder darauf gerichtete Zwang praktisch unmöglich.

2) nur auf solche Handlungen, welche und so ferne sie schlechterdings dem Sittengesetze nicht widersprechen, sondern entsprechen.

Denn ein allgemeines Gesetz, Handlungen zu erzwingen, welche der Pflicht widersprechen, wäre unmoralisch.

3) nur auf solche Handlungen, welche im Verhältniß stehen zu der Freyheit anderer Menschen. Denn, da nur ein freyes Wesen das andere zwingen kann, (indem der Selbstzwang sich widerspricht) jedes freye Wesen aber in Absicht auf seinen innern (auf sich selbst sich beziehenden) Freyheitsgebrauch, mit dem Freyheitsgebrauche anderer Wesen nicht in Widerspruch stehen kann; das äussere Gesetz aber nur die Freyheit des einen mit der Freyheit aller übereinstimmend machen soll: so würde ein Zwangsgesetz in Bezug auf den innern Freyheitsgebrauch des Individuums der Bedingung seiner praktischen Möglichkeit widersprechen.

Ein äusseres Gesetz bestimmt also nur die äussere vollkommene Legalität der Handlungen.

§. 13.

Die Wissenschaft der Principien aller äussern Gesetzgebung untersucht also die letzten Gründe, den Umfang und die Gränzen der praktischen Möglichkeit, die Handlungen anderer freyer Wesen durch Gesetze zu bestimmen, mit denen Zwang verbunden ist, wodurch also die Freyheit anderer beschränkt wird. Sie beschäftigt sich also

1) nicht mit den Pflichten des Menschen, auch nicht mit denen der Gerechtigkeit,

2) noch mit den innern (9) Rechten,

3) noch mit den unvollkommenen (7) äussern Rechten, sondern

4) mit den vollkommenern äussern (9) Rechten freyer vernünftiger Wesen.

Ich habe ein äusseres vollkommenes Recht zu etwas, ich darf etwas äusserlich, d. h. das Sittengesetz verbietet, daß mir die Willkühr anderer freyer Wesen ein äußeres Gesetz auflege, mich durch Zwang daran zu verhindern. Dieses Dürfen ist mit keinem Sollen in Bezug auf dasjenige Wesen verbunden, welches darf, auch nicht mit einem Sollen des andern, diese Handlung zu befördern, sondern es soll mich nur kein anderer mit Gewalt davon abhalten, es zu thun. (Ein bloßes moralisches Dürfen giebt es nicht; das innere Dürfen hängt von dem Sollen ab, und ist also jederzeit damit verbunden.)

Die Wissenschaft des Rechts löset also zum Behuf einer äusseren Gesetzgebung das Problem auf: welche äussere Einschränkungen der Freyheit freyer Wesen durch andere sind praktisch zulässig? d. h. stimmen mit der allgemeinen äussern Gesetzmäßigkeit der Freyheit aller freyen vernünftigen Wesen überein? — Nur das äussere vollkommene Recht ist mit einem äussern Rechte zu zwingen, d. h. die Freyheit anderer absichtlich einzuschränken verbunden; d. h. es ist das einzige Zwangsrecht.

Die Wissenschaft der nothwendigen letzten Bedingungen aller äusseren Gesetzgebung ist also einerlen) mit der Wissenschaft des äusseren vollkommenen Rechtes oder des Zwangsrechts. (Dieser Satz ist aber synthetisch.)

§. 14.

Aus diesem Begriff ergiebt sich der Unterschied dieser Wissenschaft 1) von der Moral, 2) von der positiven Jurisprudenz, 3) von der Politik, und insbesondre 4) von der Philosophie des positiven Rechts als einem Theile der Staatswissenschaft.

Positive Jurisprudenz ist die systematisch geordnete historische Kenntniß von den Thatsachen, die, auf bestimmte Rechte der Menschen in einer bestimmten bürgerlichen Gesellschaft Einfluß haben, und von den Folgen derselben.

Politik ist die Wissenschaft der zu Ausübung und Erhaltung der Rechte zweckmäßigsten Mittel.

Philosophie des positiven Rechts ist derjenige Theil der Politik, welcher die Zweckmäßigkeit positiver Gesetze nach Grundsätzen der Erfahrung untersucht. (Andere verstehen darunter eine systematische Herleitung der Folgen, welche aus gewissen positiven Voraussetzungen, z. B. von einem feudum, herfließen.)

§. 15.

Die Quelle des Naturrechts ist nicht die Erfahrung von dem, was wirklich geschieht, zu geschehen pflegt, oder nach physischen Gesetzen geschehen muß oder kann; noch die Willkühr eines Regenten, oder Rechtslehrers, noch eine übernatürliche Offenbarung, sondern allein die Vernunft, und zwar die reine praktische Vernunft. Diese ist das Vermögen ursprünglicher, allgemeingültiger Gesetze für die freyen Handlungen der Vernunftwesen. Diese bildet die Idee von allgemeiner Gesetzmäßigkeit, und bestimmt den Willen, dieselbe zu realisiren —, theils innerlich durch Freyheit, vermittelst sittlicher Maximen (Moral), theils auch äusserlich durch Zwang (Naturrecht.)

Durch diese Gemeinschaft der Quelle, woraus Moral und Naturrecht entspringen, wird begreiflich, sowohl die nahe Verwandschaft dieser beyden Wissenschaften, als auch die häufige Verkennung ihres Unterschiedes und ihrer Gränzen.

§. 16.

Das Naturrecht hat also reine Principien a priori.

Derjenige Theil desselben, welcher diese obersten Principien oder die Vernunftidee von dem Rechte überhaupt entwickelt, heißt reines Naturrecht.

Derjenige Theil, welcher diese Principien auf die durch Erfahrung erkannte Natur und Verhältnisse der Menschen, so fern dieselben des Zwanges fähig sind, anwendet, heißt das angewandte Naturrecht. Jenes untersucht das Recht in abstracto, dieses die menschlichen Rechte in concreto, d. i. das Verhältniß gewisser in der menschlichen Erfahrung vorkommender Gegenstände zu der Idee von dem Rechte überhaupt.

§. 17.

Die **praktische Realität** des Naturrechts beruht auf dem Bewußtseyn eines reinen praktischen Gesetzes und auf der nothwendigen Verbindung derselben mit der Idee von einem Zwangsrechte, als einer nothwendigen Voraussetzung, durch deren allgemeine Verwerfung die äussere objektive Bedingung, sittliche Maximen frey zu ergreifen und zu realisiren, gänzlich aufgehoben würde. *)

Die **theoretische Realität** des Naturrechts beruht auf dem Daseyn einer Gewalt, die mit dem äussern vollkommenen Rechte verbunden ist. Ausser der bürgerlichen Gesellschaft läßt sich das Naturrecht nur sehr unvollkommen realisiren. Durch das Daseyn eines Staates wird der Effekt des Naturrechts vornemlich begründet.

Da das Naturrecht praktisch allgemein gültig ist, (d. h. gelten soll) wo freye sinnliche Vernunftwesen in äusserer Gemeinschaft leben: so ergiebt sich hieraus die Pflicht, daß sie eine bürgerliche Verfassung errichten, in eine vorhandene treten, dar-

---

*) Ich und jedes andere dem praktischen Gesetze untergeordnete freye Wesen muß äusserlich dürfen, was ich soll. D. h. das Sollen postulirt äussere Bedingungen seiner Möglichkeit, welche aber eben so wie das Sollen, mit sich selbst übereinstimmen müssen. Da nun das Sollen frey ist, so darf kein anderer bestimmen, was ich soll, sondern er muß mir jeden Freyheitsgebrauch verstatten, von dem es nur nicht unmöglich ist, daß ich ihn soll, wofern es nur seinerseits nicht unmöglich ist, sein Sollen überhaupt zu retten. Die mit sich selbst nicht streitende Bedingung der Möglichkeit, daß freye Wesen in Gemeinschaft das praktische Gesetz realisiren, ist also das äussere vollkommene Recht.

inne beharren, und das äussere vollkommene Recht öffentlich machen und erhalten sollen.

Der Naturstand ist

1) historisch: derjenige Zustand, in welchem sich der Mensch kraft seiner sinnlichen Natur vor der Entwickelung der Vernunft und vor dem Bewußtseyn ihrer Gesetze, befindet. —

2) Philosophisch
   a) als Verstandesbegriff: der Zustand des Menschen, in so fern derselbe von einem bestimmten Akte seiner freyen Willkühr unabhängig ist —;
   b) als reiner Vernunftbegriff: derjenige Zustand, welcher der Bestimmung der menschlichen Natur, als einer vernünftigen Natur, angemessen ist. —
   c) als empirischer Vernunftbegriff: derjenige Zustand, worinn sich der Mensch dem seiner Bestimmung in der Gesellschaft gänzlich angemessenen Zustande methodisch nähert. D. i. der Staat.

§. 18.

Der Gegenstand des Naturrechts hat theils einen allgemeinen innern Werth (Würde) theils ein allgemeines äusseres Interesse. Die wissenschaftliche Kenntniß desselben interessirt jeden selbstdenkenden Menschen, als das Richtmaaß für die sichere und gründliche Beurtheilung seiner eigenen und fremder Handlungen, sowohl in den Verhältnissen einzelner Menschen als ganzer Gesellschaften und Staaten. Dieses Interesse wird besonders modificirt durch den Beruf des Bürgers in einem Staate, des höchsten Regenten, des Staatsmannes und Gesetzgebers, vornehmlich aber des praktischen Juristen. — Dieser letztere bedarf desselben theils zur pragmatischen Erklärung, zur rechtlichen Anwendung und zur Beurtheilung der Rechtmäßigkeit der positiven Gesetze, theils als subsidiarisches Recht. Wie gefährlich eine unwissenschaftliche und ungründliche Kenntniß des Naturrechts werden könne, dieß erläutern manche Zeitumstände.

§. 19.

Das reine Naturrecht setzt die Logik und die Metaphysik, insbesondere die Metaphysik der Sitten, voraus. Das angewandte Naturrecht beruht ausserdem noch auf empyrischen, moralischen, psychologischen, anthropologischen und physischen Kenntnissen, und es gewinnt durch historische Kenntnisse von den Weltbegebenheiten an subjektivem Interesse und an Anwendbarkeit.

§. 20.

Auf das Naturrecht gründet sich zum Theil die Politik, und die pragmatische Kenntniß des positiven Rechtes.

§. 21.

Die Geschichte des Naturrechts läuft mit der Geschichte der Philosophie überhaupt und der praktischen Philosophie insbesondere parallel.

Rechtsgefühl. Rechtlicher Naturalismus Dogmatismus. Empirismus. (Sensualismus und Mysticismus). Skepticismus, kritischer Purismus oder Nationalismus. — Synkretismus.

Reines Naturrecht.

§. 22.

Das reine Naturrecht unterſucht

1) den Begriff von einem Rechte überhaupt **analytiſch** nebſt den damit verbundenen Begriffen, und beſtimmt dadurch die logiſchen Merkmale, welche in dieſem Begriffe gedacht werden müſſen oder können.

2) **ſynthetiſch**, a priori die nothwendigen Merkmale, welche dem Gegenſtande dieſes Begriffes zukommen, in wie fern derſelbe unter jenen Begriff ſubſumirt werden ſoll.

Durch die erſte Betrachtung kömmt eine **Nominalerklärung**, durch die zweyte eine **Realerklärung** des Rechtes zu Stande.

Analyſis
des allgemeinen Begriffes von einem Rechte,
und der damit verwandten
Begriffe.

§. 23.

Dasjenige, was zufolge einer praktiſchen Regel möglich iſt, heißt **recht** (juſtum), die praktiſche Möglichkeit ſelbſt in abſtracto heißt **ein Recht** (jus).

§. 24.

Das Recht (jus) (23) ist

I. der Quantität nach
a) individuell, (welches nur Einer Person zukömmt)
b) particulär, (welches Einigen Personen zukömmt, aber nicht allen)
c) universell, (welches allen Personen zukömmt)

II. der Qualität nach
a) positiv, (oder affirmativ, das Recht, etwas zu thun)
b) negativ, (das Recht, etwas zu unterlassen)
c) limitirend, (welches eine Ausnahme von einer positiven oder negativen Regel für jemand bestimmt)

III. der Realität nach
a) wesentlich unbedingt, (welches einer Person schlechthin als Person, ohne alle weitere Ursache, zukömmt)
b) bedingt, oder hypothetisch, (welches einer Person unter Voraussetzung einer gewissen Thatsache zukömmt)
c) disjunctiv, oder ein Recht der Gemeinschaft (welches einer Person unter Voraussetzung einer eigenen und fremden Thatsache zukömmt)

IV. der Modalität nach
a) möglich, (welches einer Person zukommen kann)

b) würklich, (welches einer Person zukömmt.)
c) nothwendig, (welches einer Person zukommen muß.)

§. 25.

Dasjenige, was recht ist, ist die **Materie**, der Innhalt, Gegenstand des Rechtes; die Rechtmäßigkeit der Handlung d. i. ihre mögliche Uebereinstimmung mit dem Gesetze ist die **Form des Rechtes** oder die **Form Rechtens**.

§. 26.

Was der Form des Rechtes gemäß ist, heißt **rechtmäßig, rechtlich**; was ihr widerspricht, heißt **unrechtmäßig, widerrechtlich**.

§. 27.

In Rücksicht auf das praktische Gesetz, womit eine willkührliche Handlung ihrer Möglichkeit nach übereinstimmt, ist ein bestimmtes denkbares Recht.

1) ein **Recht schlechthin** (absolute), welches in aller Rücksicht, mithin in Bezug auf das ganze praktische Gesetz und auf alle Folgen desselben recht ist.

2) ein **relatives Recht**, welches nur in gewisser Rücksicht, in Beziehung auf ein gewisses praktisches Gesetz und auf eine gewisse Folge desselben, recht ist.

§. 28.

Was in der einen Beziehung relativ recht ist, das kann in einer andern Beziehung relativ unrecht seyn. Was aber in irgend einer Beziehung relativ unrecht ist, das ist schlechthin unrecht.

§. 29.

Das praktische Gesetz, in so fern dasselbe blos auf mich und auf Handlungen, so weit sie mich zum Objekt haben, bezogen wird, bestimmt das **relativ innere Recht**. Eben dieses Gesetz, in so fern es lediglich auf solche Handlungen bezogen wird, welche und so weit sie ein anderes vernünftiges Wesen zum Objekte haben, bestimmt das **relativ äussere Recht**.

§. 30.

Was beydes relativ innerlich und relativ äusserlich recht ist, das und nur das allein ist **absolut recht**.

§. 31.

Das, was relativ äusserlich recht (29) ist, ist
1) ein **äusserlich unvollkommenes Recht**, welches mit einem unvollkommenen äussern praktischen Gesetze übereinstimmt, d. i. mit einem solchen Gesetze, welches der Idee eines allgemeinen Gesetzes nicht schlechthin, sondern mit möglichen Ausnahmen entspricht.
2) ein **äusserlich vollkommenes Recht**, welches mit einem äusserlichen vollkommenen praktischen Gesetze d. i. mit einem solchen Gesetze übereinstimmt, welches der Idee eines allgemeinen Gesetzes schlechthin und ohne mögliche Ausnahme entspricht.

§. 32.

Das eigentliche **juridische Recht**, womit das Naturrecht als der Wissenschaft der äußern nothwendigen Gesetzgebung sich beschäftigt, ist kein anderes als das äussere vollkommene Recht, in so fern

daſſelbe zugleich mit einer äuſſern vollkommenen Befugniß verbunden iſt, d. i. mit der praktiſchen Unmöglichkeit, daß mich ein anderer an dem,
wozu ich äuſſerlich vollkommen berechtigt bin, phyſiſch
verhindere, und mit dem Rechte zu zwingen,
d. i. der Befugniß, der phyſiſchen Beſchränkung meines Rechtes phyſiſche Gewalt entgegen zu ſetzen+).

§. 33.

Wer ein äuſſeres vollkommenes Recht hat,++)
wem es zukommt, der iſt berechtigt und befugt; er mag nun das, wozu er berechtigt iſt, rea-
liſiren (ſein Recht ausüben) oder nicht; er
mag es phyſiſch ausüben können, oder nicht; er mag
es moraliſch d. h. nach innern oder äuſſern unvollkommenen Geſetzen und Pflichten ausüben dürfen oder
nicht; die Ausübung des Rechtes mag ihm nach
Grundſätzen der Klugheit rathſam ſeyn oder nicht.

+) Das Recht iſt ein Objekt der Moral, ſo fern daſſelbe
durch innere Geſetzgebung beſtimmt iſt; ein Objekt des Naturrechts, ſo fern eine mögliche äuſſere,
mit Gewalt verbundene, Geſetzgebung ſich darauf
bezieht. Das Recht im juridiſchen Sinne iſt alſo
das äuſſere vollkommene Recht, in wie fern
eine äuſſere vollkommene Befugniß damit verbunden iſt. Jener Begriff iſt moraliſch, dieſe Beſtim-
mung deſſelben iſt dem Naturrechte eigenthümlich.

++) In der Folge wird der Ausdruck Recht jedesmal
im juridiſchen Sinne genommen, und ein äuſſeres
vollkommenes mit Befugniß verbundenes Recht
darunter verſtanden.

§. 34.

Die Handlungen, wodurch jemand ein Recht ausübt (33), sind nicht nur von physischen Kräften, von Rathschlägen der Klugheit, und von innern Pflichtgesetzen der Selbstpflicht und der unvollkommenen Menschenpflicht, sondern auch von Gesetzen der Gerechtigkeit gegen andere, für welche dadurch eine Befugniß bestimmt wird, abhängig; und in der letzten Rücksicht ist die Ausübung des Rechts entweder rechtlich oder widerrechtlich.

§. 35.

Jedes Recht muß gegründet seyn, d. h. es muß etwas gedacht werden, woraus sich dieses Recht erkennen läßt. Dieses heißt der Rechtsgrund. Alles Recht wird seiner Form nach als Recht bestimmt, durch das oberste praktische Gesetz des äussern Rechtes, dieses ist also der allgemeine und höchste formale Rechtsgrund, die Vorstellung von der jener Form anpassenden Materie ist der besondere, untergeordnete materiale Rechtsgrund.

§. 36.

Ein Recht, dessen Rechtsgrund selbst ein Recht ist, heißt ein abgeleitetes Recht; jedes andere ist ein Urrecht, ursprüngliches Recht. Ein Urrecht gründet sich unmittelbar, ein abgeleitetes mittelbar auf das praktische Gesetz.

(Daß es nur Ein Urrecht giebt, ist ein synthetischer Satz; daher muß es hier noch unentschieden bleiben, ob es nicht auch wohl mehrere Urrechte geben könne.)

§. 37.

Rechte, die sich in einem andern Rechte gründen, sind diesem **subordinirt**; Rechte, die einen nächsten gemeinschaftlichen Rechtsgrund haben, sind einander **coordinirt**.

§. 38.

Ein Recht, dem ein anderes subordinirt ist, ist **höher**; dieses andere **niedriger** als jenes.

§. 39.

Ein Recht ist der **Quantität** nach

1) **extensiv**, von größerm oder geringerm Umfange. Der Umfang eines Rechts bedeutet die Menge der Handlungen, welche ihm zufolge äusserlich praktisch möglich sind. Je höher ein Recht ist, desto grösser ist sein Umfang.

2) **intensiv**, von grösserer oder geringerer Wichtigkeit. Diese Wichtigkeit besteht in dem Zusammenhange mit meinen Zwecken. Mit je grössern oder mehrern Zwecken, und je mehr, je stärker und vielfältiger ein Recht mit diesen Zwecken zusammenhängt, desto wichtiger ist dieses Recht.

§. 40.

Ein Recht A kann mit einem andern B zugleich würklich seyn, d. h. sie sind **zusammenstimmend, verträglich**. Im entgegengesetzten Falle sind es **widerstreitende, unverträgliche Rechte**. Die zusammenstimmenden Rechte sind einander entweder subordinirt oder coordinirt. Die unverträglichen Rechte sind

1) widersprechende, contradiktorisch entgegengesetzte, deren eines nothwendig ist.

2) contrarie entgegengesetzte, collidirende Rechte, die sich zwar einander ausschliessen, aber deren keines nothwendig ist.

§. 41.

In Absicht auf den Erkenntnißgrund eines Rechtes, theilet man die Rechte ein in reine, welche schlechthin a priori, und angewandte, welche zum Theil auch a posteriori erkannt werden.

§. 42.

Die Form des Rechts in abstracto ist ein formales Recht. Die Form des Rechtes in concreto d. i. in Verbindung mit einem bestimmten Innhalte, mit einem Gegenstande, worauf die Rechtsform angewandt wird, heißt ein materiales Recht.

§. 43.

Schlechthin a priori ist nur die Form des Rechts erkennbar, der bestimmte Innhalt eines Rechtes wird a posteriori erkannt. Alle formale (42) Rechte sind also reine (41), und alle materialen Rechte sind angewandt.

§. 44.

In einem materialen Rechte ist, in so fern dasselbe Recht ist, das formale Recht enthalten; aber nicht umgekehrt.

§. 45.

Nach dem verschiedenen Grunde von dem Innhalte eines materialen Rechts, ist daſſelbe entweder ein **natürliches** Recht, ein Recht im Naturſtande — oder ein **poſitives** Recht, ein Recht in einem willkührlichen Stande. Das erſtere gründet ſich auf die beſtimmte Natur eines vernünftigen Weſens, das andere auf zufällige, willkührliche Handlungen mehrerer Menschen.

§. 46.

Ein poſitives Recht (45) muß, in ſo fern es Recht iſt, die Rechtsform an ſich haben, und die willkührliche Handlung, wodurch es entſteht, muß nach dem natürlichen Rechte möglich ſeyn. Kein poſitives Recht darf daher dem natürlichen Rechte widerſprechen.

§. 47.

Ein Subjekt, welches Rechte hat, heißt eine **Perſon** in juridiſchem Sinne. In Ansehung der berechtigten Person, ſind die Rechte entweder Rechte einzelner **phyſiſcher Perſonen**, oder Rechte blos **moraliſcher myſtiſcher Perſonen**, oder **Geſellſchaften**. Mehrere phyſiſche Perſonen, welche durch ihre Gemeinſchaft Rechte haben, machen eine moralische Person aus.

§. 48.

Das Objekt eines Rechts, als ſolches, heißt eine **Sache** in juridischem Sinne. In Ansehung dieſes Objekts ſind die Rechte

1) *jura personalia*, d. i. Rechte auf solche Gegenstände, die mit einer andern Person rechtlich verknüpft, also nicht bloße Sachen sind.

2) *jura realia*, in re, auf solche Gegenstände, die mit keiner Person rechtlich verknüpft, also bloße Sachen sind.

§. 49.
Einige Rechte entstehen nicht, andere Rechte entstehen.

§. 50.
Ein Recht entsteht
1) durch die Natur; ein gegebenes von der Natur empfangnes Recht
2) durch Freyheit; ein erworbnes Recht.

§. 51.
Die von der Natur gegebenen (50) Rechte können entweder angebohrne oder zugewachsne Rechte seyn.

§. 52.
Ein Recht erwerben heißt: durch eine freye Handlung verursachen, daß man ein Recht auf etwas erhält. Bey der Erwerbung (*acquisitio juris*) unterscheidet man eine rechtmäßige oder unrechtmäßige Erwerbungsart einen wahren oder falschen Erwerbungsgrund (*titulum acquirendi*); ferner erwerbliche und unerwerbliche; erworbene und nicht erworbene Rechte.

§. 53.
Die Erwerbung eines Rechtes (52) setzt entweder nur ein durch die Natur gegebenes, oder ein

andres bereits erworbenes Recht voraus. *Acquisitio originaria, acquisitio derivativa.*

§. 54.

Zur Erwerbung eines Rechtes gehört entweder nur eine freye Handlung des Erwerbenden, oder auch eine freye Handlung einer andern Person. Die erstere Erwerbung heißt **Zueignung**, die andre **Annahme eines Rechtes**.

§. 55.

Einige Rechte können nicht vergehen, andre vergehen, d. h. es hört auf ein Recht zu seyn, was vorher Recht war. **Verlierbare, unverlierbare Rechte.**

§. 56.

Ein Recht geht unter oder verlohren
1) durch die Natur,
2) durch die Freyheit, d. h. es wird veräussert. Man unterscheidet daher (physisch, praktisch — moralisch oder juridisch) **veräusserliche und unveräusserliche, veräusserte und nicht veräusserte Rechte.**

§. 57.

Durch Veräusserung (56) wird
1) ein Recht des einen Recht einer andern Person, **Uebertragung**; daher giebt es übertragbare und unübertragbare Rechte.
2) oder es hört gänzlich auf, (**Dereliktion**) unbedingte Veräusserung. Einige Rechte können — physisch, praktisch, sittlich oder rechtlich verlassen werden, andre nicht.

§. 58.

Entstehen und Vergehen, und alle Arten desselben sind Veränderungen. Ein Recht ist also überhaupt **veränderlich** oder **unveränderlich**.

§. 59.

Ein Recht ist entweder **gewiß** oder **zweifelhaft**; beydes entweder in Ansehung seiner Form d. i. des allgemeinen Rechtssatzes, welcher das Princip eines besondern Rechtes ist; oder in Ansehung der Thatsache, wovon die Anwendung desselben abhängt. — Deductio iuris, deductio facti.

§. 60.

Ein Recht kann gedacht werden entweder **begränzt, beschränkt, endlich**, oder als **unbegränzt**. Das letztere wäre ein solches Recht, dem weder praktische noch physische Gränzen der Ausübung gesetzt wären.

§. 61.

Ein endliches Recht hat

1) **praktische Schranken**, wenn durch ein praktisches Gesetz seine unendliche Ausübung unmöglich gemacht wird.

a) **moralische**, wenn eine innere oder unvollkommene Pflicht dieselbe verhindert.

b) **rechtliche**, wenn die Ausübung eines Rechtes durch die rechtliche Ausübung des Rechts einer andern Person ganz oder zum Theil unmöglich gemacht wird, oder wenn Rechte collidiren.

2) **physische Schranken**, wenn durch ein Naturgesetz die unendliche Ausübung eines Rechtes unmöglich gemacht wird

    a) durch Mangel an innern natürlichen Kräften des Berechtigten, wo also die Materie des Rechts fehlt.

    b) durch mächtigern Widerstand äusserer physischer Kräfte, d. i. durch **Zwang**.

§. 62.

Wenn durch äussere Naturkräfte die Ausübung eines Rechtes beschränkt wird, so geschieht dieß

1) ohne Mitwirkung fremder Willkühr; **unwillkührlichen Zwang**.

2) durch fremde Willkühr; **willkührlichen Zwang**.

    a) zufolge rechtlicher Schranken, **rechtmäßiger Zwang**.

    b) ohne rechtliche Schranken, **widerrechtlicher Zwang**.

§. 63.

Eine freye Handlung, wodurch die Ausübung eines Rechtes widerrechtlich unmöglich gemacht wird, heißt **Verletzung eines Rechtes**. Jeder widerrechtliche Zwang (62) ist Verletzung eines Rechtes; aber nicht jeder Zwang überhaupt. Also ist auch nicht jede freye Vernichtung oder Verminderung der Materie eines Rechtes — eine Verletzung desselben, sondern nur diejenige, wodurch auch die Form des Rechts verletzt, d. h. nach solchen Grundsätzen gehandelt wird, welche dem Rechte widersprechen.

§. 64.

Man kann sich **verletzbare und unverletzbare Rechte** denken.

§. 65.

Verletzung der Rechte eines andern heißt **äusseres Unrecht, Beleidigung** im weitläuftigen Verstande, sie ist, wie das Recht selbst, verschiedener Bestimmungen fähig. **Allgemeine, partikuläre, individuelle — positive, negative** oder **limitirende — wesentliche** oder **ausserwesentliche — vollkommene** oder **unvollkommene Beleidigung.**

§. 66.

Beleidigung in engerm oder **rechtlichem Sinne** ist die Verletzung eines äussern vollkommenen Rechtes. — **Beleidiger, Beleidigter.**

§. 67.

Sie ist entweder **absichtlich** (iniuria dolosa), oder **unabsichtlich** (injuria culposa).

§. 68.

Das fortgesetzte Bemühen, die Rechte des andern mit Gewalt zu verletzen, heißt **Feindschaft.**

§. 69.

Das Recht und das Unrecht sind beydes Gegenstände sowohl der möglichen Beurtheilung, als der möglichen Ausübung; beydes sind Anwendungen dieser Begriffe.

§. 70.

Für die Beurtheilung gehört blos die Subsumtion der besondern Rechte, oder eines individuellen Falles unter den allgemeinen Begriff des Rechts und Unrechts.

§. 71.

Ich beurtheile eine Handlung rechtlich, das heißt, ich bestimme ihr Verhältniß zu dem Gesetze (Begriffe) des äussern vollkommnen Rechtes.

Die juridische Beurtheilung einer Handlung ist von ihrer Beurtheilung nach physischen Gesetzen, nach Rathschlägen der Klugheit, und nach moralischen Principien (des innern oder des unvollkommenen Rechtes) unterschieden.

§. 72.

Ein individuelles Urtheil, wodurch die äussere vollkommene Rechtmäßigkeit oder Unrechtmäßigkeit einer Handlung bestimmt wird, ist ein **Rechtsspruch**. Ein particuläres Urtheil, wodurch ein Recht bestimmt wird, heißt ein **Rechtssatz**. Ein Rechtssatz, woraus mehrere Rechtssätze hergeleitet werden können, heißt ein **Rechtsgrundsatz**. Ein Rechtsgrundsatz, woraus alle Rechtsgrundsätze hergeleitet werden können, heißt der **oberste Rechtsgrundsatz** oder das **Princip des Rechts**. Die Rechtfertigung desselben heißt die **Deduction**. Die Deduction bestimmt das Princip, dieses die particulären Grundsätze, dieses die Rechtssätze, diese einen jeden Rechtsspruch.

§. 73.

Die Ausübung des Rechtes bezieht sich auf eigne oder auf fremde Rechte.

§. 74.

Ein berechtigter, welcher seine Rechte selbst erkennen und ausüben kann, heißt mündig, die natürliche Unfähigkeit dazu heißt Unmündigkeit. In so fern diese Mündigkeit oder Unmündigkeit von der bestimmten Lebensläuge abhängt, unterscheidet man Volljährigkeit und Minderjährigkeit.

§. 75.

In Bezug auf andere, kann ich ein Recht prätendiren, d. h. ein Objekt von einem andern als Berechtigter fordern, oder nicht; von meinem Rechte nachlassen, d. i. nicht das ganze Objekt meines Rechtes fordern, oder auch gänzlich Verzicht darauf leisten, und ihm entsagen, es mit Gewalt durchsetzen oder nicht.

Wenn mehrere Menschen ihre gegenseitigen Rechte verschieden beurtheilen, der eine ein Recht prätendirt, der andere dasselbe nicht einräumt, so entsteht ein Rechtsstreit.

Wendet jemand physische Gewalt an, um eine Beleidigung zu verhindern, so vertheidigt er sich. Sobald nun Menschen zu Ausführung ihrer vermeintlichen Rechte wechselseitigen Zwang ausüben, so ist dieß Krieg. Thätige Einigkeit in Bezug auf gegenseitige Rechte ist Friede.

§. 76.

Ein Rechtsspruch (74), so fern er auf eine geschehene Handlung und auf ihren Urheber bezogen, zugleich auch deren rechtlicher Werth und Folge bestimmt wird, heißt ein zurechnendes Urtheil, eine äussere rechtliche Zurechnung. — (Ihr Unterschied von der moralischen Zurechnung.)

§. 77.

Sie bestimmt also

1) wie fern jemand freyer Urheber einer Handlung ist. *Imputatio facti.*

2) Ihre Rechtmäßigkeit oder Unrechtmäßigkeit und den Grad derselben. *Imputatio juris.*

3) die Beschaffenheit und Größe ihrer rechtlich nothwendigen Folgen. Zurechnung zu Belohnung und Strafe.

§. 78.

Was die praktische Vernunft nach Grundsätzen des äussern Rechtes als nothwendige Folge einer Handlung vorstellt, das gebührt dem Urheber derselben, das verdient er.

§. 79.

Wenn jemand durch Beobachtung des äussern vollkommenen Rechtes ein physisches Gut verdiente, so wäre dieß rechtliche Belohnung. (Daß dieser Begriff nicht realgültig sey, ist ein synthetischer Satz.) Das physische Uebel, welches jemanden nach äussern Rechtsprincipien gebührt, heißt rechtliche Strafe.

Moralische Belohnung und Strafe.

§. 80.

Das Verhältniß der Beobachtung oder der Verletzung des äussern vollkommenen Rechtes zu der angemessenen Belohnung oder Strafe heißt rechtliches Verdienst und rechtliche Schuld. Die Realisirung dessen, was nach Rechtsprincipien als nothwendige Folge mit den freyen Handlungen verbunden ist, heißt rechtliche Vergeltung.

§. 81.

Ein Urtheil ist rechtskräftig, wenn es nicht nur das Verhältniß einer freyen Handlung zu dem Gesetz bestimmt, sondern auch dem Gesetz angemessene Folgen damit verbindet. Rechtskräftig urtheilen, heißt richten.

Unterschied des Richtens von dem bloßen Beurtheilen.

§. 82.

Das Richten ist moralisch oder juridisch, je nachdem es nach dem ganzen praktischen Gesetze, oder nur nach dem Gesetze des äussern vollkommenen Rechts geschieht.

§. 83.

Diejenige (physische oder moralische) Person, welche die Befugniß und Macht hat, nach äusserlichen vollkommenen Rechtsgesetzen zu richten, heißt ein Richter *sensu juridico* oder *forum externum perfectum*.

Unterschied des juridischen und moralischen Richtens; des *fori externi perfecti* von dem *foro interno* und *imperfecto*.

§. 84.

Ein Richter kann sowohl über geschehene als über künftige Handlungen richten; im letztern Falle heißt sein Urtheil eine Entscheidung. Ist er von zwey über das Recht streitenden Personen selbst zur rechtskräftigen Entscheidung gewählt, so heißt er **Schiedsrichter**. Von diesem unterscheidet sich eine bloße **Mittelsperson** dadurch, daß die Letztere blos urtheilt, ihr Urtheil aber an sich nicht rechtskräftig ist.

§. 85.

Derjenige Zustand der Menschen, wo juridisch gerichtet wird, d. i. wo das Gesetz des äußern vollkommenen Rechts mit Macht und Effekt verbunden ist, heißt (status juridicus) **rechtlicher Zustand**, oder das **öffentliche Recht** in einem gemeinen Wesen. Diesem steht entgegen der sogenannte **natürliche Zustand** (status naturalis), d. h. ein Zustand der äußern Gesetzlosigkeit, oder der Unabhängigkeit von Zwangsgesetzen, wo alles Recht aufhört, Effekt zu haben.

Synthetischer Theil des reinen Naturrechts.

§. 86.

Der synthetische Theil des reinen Naturrechts (22) soll eine Realerklärung des äußern vollkommenen Rechts aufstellen, d. h. in einem synthetischen Grundsatze den allgemeinen Begriff von einem solchen Rechte mit einem Gegenstande verbinden, der diesem Begriffe vollkommen entspricht. Er enthält also theils eine Deduktion des Grundsatzes, theils eine Entwickelung desselben.

(Der Grundsatz des Rechts muß, so wie jeder Grundsatz a priori, synthetisch seyn; wenn er analytisch wäre, so könnte er die besondern Rechtssätze nicht begründen, sondern setzte vielmehr diese selbst voraus. — Die Deduction eines Princips bedeutet die Herleitung desselben, entweder aus einem andern, höhern Princip (des Rechtsprincips z. B. aus dem Moralprincip), oder (aus dem unmittelbaren Bewußtseyn seines Gesetzes).

§. 87.

Wenn äusseres vollkommenes Recht (31) dasjenige ist, an dessen Ausführung kein Vernunftwesen ein anderes Vernunftwesen verhindern darf, alles Dürfen aber von dem Mangel des Widerspruchs mit einer Verbindlichkeit abhängt, alle Verbindlichkeit aber auf dem praktischen Gesetz beruht, so muß der oberste Rechtsgrundsatz als eine nothwendige Folge aus dem obersten praktischen Gesetze fliessen, und durch Herleitung desselben ein Realbegriff des äussern vollkommenen Rechts hervorgebracht werden.

§. 88.

Das praktische Gesetz soll bestimmen, welche Handlungsweise für den Willen aller Vernunftwesen schlechterdings nothwendig (schlechthin gut) sey. Es muß also eine schlechthin nothwendige und allgemeine Wahrheit enthalten und folglich schlechthin *a priori*, d. i. durch reine Vernunft erkannt werden. Folglich muß auch das daraus abfliessende Rechtsgesetz ein Grundsatz a priori, aus reiner Vernunft seyn.

§. 89.

Etwas schlechthin *a priori* oder aus reiner Vernunft erkennen heißt: es aus dem Wesen d. i. aus dem Grundbegriffe der Vernunft von sich selbst, aus ihrem eigenen Bewußtseyn von der ihr eigenthümlichen Handlungsweise herleiten. Das oberste praktische Gesetz muß also aus dem Grundbegriffe der Vernunft entwickelt werden; folglich muß auch das Rechtsgesetz daraus abfliessen.

§. 90.

Das praktische Gesetz kann also nicht ausdrücken, welche Art zu handeln unsrer Sinnlichkeit, der Selbstliebe und ihrem Gegenstande, der Glückseligkeit, gemäß, und um derentwillen nothwendig sey. Denn hieraus würde keine unbedingte und keine schlechthin allgemeine Nothwendigkeit einer solchen Handlungsweise für alle Vernunftwesen entspringen; überdem kann auch in dem Grundbegriffe der Vernunft von sich selbst kein Datum dieser Art enthalten seyn.

§. 91.

Ein **praktischer Grundsatz**, welcher eine Handlung als nothwendig vorstellt, wegen ihrer Beziehung auf unsre Sinnlichkeit und Glückseligkeit, als die Materie unsers Willens, heißt **material**. Das praktische Gesetz ist also kein materialer Grundsatz; folglich kann auch der daraus abfliessende Rechtsgrundsatz nicht material seyn. Es kann also nichts blos darum Recht seyn, weil es der Natur unsrer Sinnlichkeit, unsrer Selbstliebe und Glückseligkeit im Ganzen oder in gewisser Rücksicht, an sich oder unter gewissen Umständen und Bedingungen, gemäß ist.

(Aus eben diesem Grunde kann der oberste Rechtssatz auch nicht theils formal, theils material seyn.)

§. 92.

Folgende angebliche **Rechtsgrundsätze** sind daher **unächt**:

1) Recht ist dasjenige, was mit meiner Glückseligkeit nicht streitet.

2) was mit der allgemeinen Glückseligkeit nicht streitet.

3) was meine eigne und andrer Menschen Vollkommenheit nicht vermindert.

4) was dem Willen Gottes, als des Urhebers meiner Glückseligkeit, nicht widerstreitet.

5) was mit meinem Gefühle der Menschlichkeit nicht streitet.

6) was mit der Staatsverfassung und mit der hergebrachten Ordnung (von welcher meine eigne und die Glückseligkeit anderer abhängt) nicht streitet.

§. 93.

Soll das oberste praktische Gesetz schlechthin a priori erkannt (88) und aus dem Grundbegriffe der Vernunft (89) entwickelt werden; so kann dasselbe nichts anders ausdrücken, als: welche Handlungsweise dem Begriffe unsrer Vernunft von sich selbst gemäß oder zuwider, vernünftig oder unvernünftig, und lediglich um deswillen für einen jeden durch Vernunft bestimmten Willen *) nothwendig oder unmöglich sey. Denn hieraus allein kann eine unbedingte und schlechthin allgemeine Nothwendigkeit einer solchen Handlungsweise für alle Vernunftwesen entspringen, und nur dazu kann das Bewußtseyn von sich selbst die erforderlichen data enthalten.

---

*) D. h. für einen Willen, in Bezug auf welchen die Vernunft praktisch ist.

§. 94.

Ein praktischer Grundsatz, welcher eine Handlung als nothwendig vorstellt, nicht wegen ihrer Beziehung auf unsre Sinnlichkeit, sondern wegen ihrer Uebereinstimmung mit dem Grundbegriffe der Vernunft, oder wegen der Vernünftigkeit ihrer Form, heißt ein **formaler Grundsatz**. Das praktische Gesetz kann also nur ein formaler Grundsatz seyn, folglich kann auch der daraus abfließende oberste Rechtssatz nur **formal** seyn, d. h. es kann etwas blos darum Recht seyn, weil es mit dem Grundbegriffe der Vernunft an sich selbst übereinstimmt.

§. 95.

Die Vernunft von sich selbst ist das Vermögen der höchsten Einheit unserer Vorstellungen. Das Vernünftige ist Eines. Die Beziehung des Mannichfaltigen auf Einheit ist **Uebereinstimmung**. Ein Mannichfaltiges wird also vernünftig vorgestellt, so fern es in der Beziehung auf Einheit, d. h. als übereinstimmend vorgestellt wird.

§. 96.

Der mögliche Gebrauch der Freyheit ist mannichfaltig. In so fern nun dieses Mannichfaltige in dem Gebrauche der Freyheit sich (durchgängig, ohne Einschränkung, schlechthin unbedingt und nothwendigerweise) auf Eines bezieht, d. h. in so fern es mit sich selbst durchaus übereinstimmt, in so fern ist der Gebrauch der Freyheit vernünftig.

§. 97.

Das praktische Gesetz ist demnach dieses: **Der Gebrauch deiner Freyheit stimme mit sich selbst überein.**

§. 98.

Diese Uebereinstimmung (97) ist theils **negativ**, theils **positiv**. Daher theilt sich das praktische Gesetz in zwey besondere, nemlich ein negatives (Verbot) und ein positives (Gebot).

Durch das negative Gesetz wird die Freyheit **restringirt**; durch das positive Gesetz wird sie **bewegt**.

§. 99.

Negativ übereinstimmend mit sich selbst ist derjenige Gebrauch der Freyheit, welcher den Gebrauch der Freyheit nicht (ganz oder zum Theil) aufhebt, d. h. Zwecke der Freyheit zerstört, oder dem Vermögen, sich Zwecke vorzusetzen und sie auszuführen, Abbruch thut.

§. 100.

Das **negative Gesetz** (97) ist also:

Handle nicht widersprechend, oder: handle nach keiner solchen Regel, welche als allgemeine Regel gedacht, den Gebrauch der Freyheit aufheben, d. h. Zwecke der Freyheit oder das Vermögen dieser Zwecke (ganz oder zum Theil) zerstören müßte.

§. 101.

Positiv übereinstimmend mit sich selbst ist derjenige Gebrauch der Freyheit, welcher als allgemein gedacht den Gebrauch der Freyheit möglichst befördert, d. h. sowohl wirkliche Zwecke der Freyheit realisirt, als auch das Vermögen, Zwecke zu fassen und auszuführen vergrößert (erhält, stärkt und erweitert.)

Das **positive praktische Gesetz** lautet also:

Handle absolut zweckmäßig, d. h. nach solchen Regeln, welche, als allgemeine Regeln gedacht, den Gebrauch der Freyheit möglichst befördern, Zwecke realisiren, und das Vermögen der Zwecke vergrößern.

§. 102.

Die Handlungen des Willens können nach diesen beyden Gesetzen beurtheilt werden in zweyerley Verhältnissen:

1) in Bezug auf das handelnde Vernunftwesen selbst:

negativ: dein Gebrauch der Freyheit zerstöre nicht den Gebrauch der Freyheit in dir selbst. —

positiv: dein Gebrauch der Freyheit befördere möglichst den Gebrauch der Freyheit in dir selbst.

2) in Bezug auf andere Vernunftwesen:

negativ: dein Gebrauch der Freyheit zerstöre nicht den Gebrauch der Freyheit überhaupt (und als allgemeine Regel für alle Vernunftwesen gedacht, auch in dir selbst.)

positiv: dein Gebrauch der Freyheit befördere den Gebrauch der Freyheit überhaupt (und als allgemein gedacht, auch deine eigne.)

§. 103.

So wie keine Erweiterung der Erkenntniß mit Verletzung des Satzes vom Widerspruche logisch möglich ist, so ist auch keine Erweiterung des Gebrauchs der Freyheit weder in mir noch überhaupt praktisch möglich, d. i. erlaubt, nach einer solchen Regel, durch deren allgemeine Befolgung der Gebrauch der Freyheit in mir oder in andern beschränkt würde. Das sittliche Verbot restringirt also die gebotene Erweiterung der Freyheit *) auf

---

*) D. i. der Erweiterungstrieb ins Unendliche.

die Bedingung, daß sie als allgemein gedacht der Freyheit selbst nicht widerspreche. Die positive Forderung des Gesetzes ist also nur in so weit vernünftig und gesetzlich, als aller Widerspruch der Freyheit mit sich selbst dabey vermieden wird.

§. 104.

Hieraus (103) folgt: kein Vernunftwesen darf seine Freyheit so gebrauchen, daß dadurch die Freyheit anderer Vernunftwesen aufgehoben, oder daß durch allgemeine Befolgung einer solchen Regel seine eigne Freyheit aufgehoben werde.

§. 105.

Das äussere vollkommene Recht (31) besteht, (als Objekt des Naturrechts, da es mit einer äussern Befugniß verbunden ist) in demjenigen Gebrauche meiner Freyheit, den kein anderes Vernunftwesen physisch verhindern darf. Es hängt also von dem praktischen Verbote ab, welches jedermann untersagt, seine Freyheit nach solchen Regeln zu gebrauchen, wodurch der Freyheit irgend eines andern Vernunftwesens Abbruch geschieht. Also: kein Vernunftwesen darf das andere an dem Gebrauche seiner Freyheit hindern, wenn dieser Gebrauch mit dem Gebrauche der seinigen nach einer allgemeinen Regel vereinbar, ihm nicht widersprechend ist. Kann nun das Sittengesetz sich in seiner Forderung nicht selbst widersprechen, so folgt:

Jeder Gebrauch der Freyheit ist rechtmäßig, welcher nach solchen Regeln geschieht, deren allgemeine Befolgung der Freyheit keines Vernunftwesens Abbruch thut. Wozu ich äußerlich vollkommen berechtigt bin, dazu bin ich auch befugt.

§. 106.

Soll das Recht sich nicht selbst widersprechen, so kann es nicht allgemeines Gesetz seyn, daß ein Vernunftwesen A es leide, d. i. nicht verhindere, wenn ein anderes Vernunftwesen B dessen Freyheit mit Widerspruch der seinigen gebraucht. Es ist also keinem allgemeinen Gesetze zuwider, daß ein Vernunftwesen das andere an der Störung seiner Rechte hindere, d. h. physische Gewalt anwende, um sein eignes Recht gegen fremden Eingriff zu schützen. — Das Recht zu zwingen.

Soll aber diese Erlaubniß, welche das Gesetz zum Zwange giebt, sich nicht selbst widersprechen, so darf das letzte Vernunftwesen B jener Einschränkung seine Gewalt nicht wieder entgegensetzen; denn wäre dieß allgemeines Gesetz, so würde ein allgemeiner Widerspruch und eine allgemeine wechselseitige gränzenlose Beschränkung der Freyheit rechtmäßig seyn, welches dem Begriffe von einem praktischen Gesetz, folglich auch vom Rechte widerspricht. Wenn ich zum Zwange äußerlich vollkommen berechtigt bin, so (105) bin ich auch dazu befugt. — Die Befugniß zu zwingen.

Realerklärung des Rechtes,
oder synthetischer Grundsatz des Naturrechts.

§. 107.

Aeusseres vollkommenes Recht ist also jeder äussere Gebrauch meiner Freyheit nach einer

Regel, deren Allgemeinheit sich nicht selbst widerspricht, sondern mit der allgemeinen äussern Freyheit besteht.

Ich darf diesen Gebrauch meiner Freyheit durch Zwang behaupten; das äussere vollkommne Recht ist ein **Zwangsrecht**.

Der andere darf diesem rechtmäßigen Zwange keinen Zwang von seiner Seite entgegensetzen. Mein Zwangsrecht ist eine **vollkommene Befugniß**.

§. 108.

Aeusseres vollkommenes Unrecht ist also nur derjenige Gebrauch meiner Freyheit, welcher nach einer solchen Regel geschieht, deren Allgemeinheit als Regel für allen Freyheitsgebrauch aller Vernunftwesen sich selbst widerspricht, und mit der allgemeinen Freyheit streitet.

§. 109.

Die **Form des äussern vollkommenen Rechts** ist also die Vereinbarkeit meines äussern Freyheitsgebrauchs mit dem allgemeinen, nach einer Regel der Vernunft.

§. 110.

Was **äusserlich vollkommen Recht** ist, das kann gleichwohl

1) **innerlich vollkommen unrecht** seyn, d. h. die Allgemeinheit des innern Freyheitsgebrauches einschränken.

2) auch **unvollkommenes äusseres Unrecht** seyn, d. h. der Freyheitsgebrauch wird zwar dadurch nicht aufgehoben, allein durch einen entgegengesetzten Gebrauch würde dieselbe befördert. Ich kann also die Allgemeinheit der Regel, wornach ich

in einem solchen Falle handelte, vernünftiger Weise nicht wollen.

§. III.
Transcendentale Merkmale des Rechts.

Aus dem obersten reinen Rechtsgrundsatze (107) fliessen folgende, ebenfalls reine Rechtssätze:

1) Merkmal der Quantität. Jedes Recht ist seiner Form nach wesentlich allgemein, d. h. was Recht seyn soll, das muß nach einer schlechthin allgemeingültigen Regel, also für alle und jede vernünftige Wesen und für alle Fälle Recht seyn.

Jede Rechtsregel muß also allgemein, d. h. entweder selbst Princip oder daraus abgeleitet seyn.

Beweis.

Das Recht beruht auf dem Sittengesetze; das Sittengesetz bezieht sich auf alle vernünftige Wesen; folglich auch das Rechtsgesetz; mithin auch jedes besondere daraus abfliessende Recht. — Oder: Jedes Vernunftgesetz ist allgemein, also auch das Rechtsgesetz.

Wenn ich meine Freyheit nach einer blos particulär oder individuell (nicht universal) gültigen Regel gebrauche: so kann diese Regel nicht mit der allgemeinen Freyheit übereinstimmen; sie ist also ungerecht. (Die Allgemeinheit des Rechtsgesetzes ist eben so wie die Allgemeinheit des Sittengesetzes zu verstehen, nämlich von dem Wesen der Form, nicht von der Materie.)

Folgerung.

Alle vernünftige Wesen ohne Unterschied verhalten sich zu dem Rechtsgesetze auf gleiche Weise. Rechtliche Gleichheit.

Was dem Einen Recht ist, das ist allen Recht, d. h. die Regel, wornach jemand ein Recht hat, ist allgemein gültig.

Die Berechtigung aller Vernunftwesen durch das Rechtsgesetz ist **formal** gleich, d. h. die Rechtsregel muß mit der Freyheit Aller bestehen, sich zu der allgemeinen Freyheit auf gleiche Weise verhalten.

Weitere Folgerungen aus der formalen rechtlichen Gleichheit.

a) Jedes Vernunftwesen hat ein äusseres vollkommenes Recht.

b) Die Rechtsregeln sind für alle vernünftige Wesen dieselben.

c) Alle Vernunftwesen haben also ein Zwangsrecht gegen alle und jede.

d) Jedes Urrecht kömmt allen Vernunftwesen ursprünglich zu.

e) Jedes Vernunftwesen erhält, erwirbt und verliert Rechte nach derselben Regel wie das andere.

f) Jedes particuläre und individuelle Recht beruht auf einem universalen formalen Rechtsgrunde.

g) Alle Ungleichheit der Rechte in concreto beruht auf allgemeinen Regeln, in Absicht auf welche alle Vernunftwesen sich gleich sind.

§. 112.

2) **Merkmal der Qualität.** Jedes Recht ist seiner Form nach **durchaus bestimmt und begränzt**, d. h. es hat seine rechtliche Gränze, welche von einer durchaus bestimmten Regel abhängt.

Beweis.

Das Recht ist ein Gegenstand eines reinen Vernunftbegriffes; folglich ist dasselbe schlechthin a priori durch Vernunft bestimmt, und keiner zufälligen und veränderlichen Bestimmung (Modification) fähig. — Alles Recht beruht auf vernünftigen Regeln, d. h. Gesetzen. Eine unbestimmte Regel aber ist zufälliger Bestimmungen fähig, folglich nicht nothwendig, folglich kein Gesetz. Das Recht ist also durchaus bestimmt.

Aber auch durch diese Bestimmung begränzt. Denn das Rechtsgesetz ist allgemein, und bestimmt einem jeden Vernunftwesen in Verhältniß zu allen übrigen sein Recht. Das Recht selbst ist also die durchgängige nothwendige Begränzung des Freyheitsgebrauchs jedes Einzelnen durch den allgemeinen Freyheitsgebrauch.

F o l g e r u n g e n.

a) Es giebt kein äusseres Verhältniß zwischen vernünftigen Wesen, für welches durch das Rechtsprincip nicht bestimmt wäre, was Rechtens ist; es giebt kein absolutes rechtliches Adiaphoron. (In der Subsumtion unter die Regel kann einige Unbestimmtheit übrig bleiben.)

b) Jeder positive Gebrauch der Freyheit, d. h. jedes Recht auf Bestimmung der Thätigkeit eines andern, muß durchaus bestimmt seyn, durch eine Regel, welche die allgemeine Freyheit sichert.

c) Jeder negative Gebrauch der Freyheit, d. h. jedes Recht, meine Thätigkeit nicht durch andere bestimmen zu lassen, muß durchaus bestimmt seyn, durch die Bedingung, daß die allgemeine Freyheit damit besteht.

d) Jede Bedingung eines (negativen oder positiven) Rechts muß durchaus gesetzmäßig bestimmt seyn. Keine Einschränkung der Freyheit ist, nach Rechtsprincipien, willkührlich und beliebig.

§. 113.

3) Merkmale der Relation. Jedes Recht ist seiner Form und seinem Grunde nach wesentlich und unveränderlich, d. h. jedes Recht ist entweder selbst ein Urrecht, d. i. in der vernünftigen Natur an und für sich gegründet und mit ihr unveränderlich verknüpft, oder es fließt doch aus dem Urrechte nach einer allgemeingültigen und unabänderlichen Regel. (Dieß fließt aus dem Begriffe von einem Gesetz.)

§. 114.

Jedes vernünftige Wesen hat wesentlich unbedingte Rechte, die ihm als Vernunftwesen schlechthin zukommen, und alle bedingte Rechte beruhen auf den unbedingten Rechten nach einer schlechthin unbedingt gültigen Regel.

Folgerung.

Jede Rechtsregel ist also nicht in etwas äussern, sondern innerlich gegründet, und jedes Recht ist in dem eigenen freyen Willen aller und jeder Vernunftwesen gegründet. (Die Autonomie des Rechtes besteht darinn, daß keiner ein Recht gegen mich haben kann, als nach einer allgemeinen Regel, in deren Allgemeinheit ich selbst als freyes Wesen einwilligen kann.)

§. 115.

Jede Rechtsregel muß mit allen übrigen Rechsregeln nothwendig zusammenhängen; folglich kann kein Recht dem andern widersprechen,

D

Beweis.

Die Vernunft ist das Vermögen der Einheit, und — in Bezug auf ein Manichfaltiges — der Uebereinstimmung. Ein Produkt der Vernunft — ein solches ist aber das Recht — muß also wesentlich Eines seyn, und als ein Manichfaltiges betrachtet mit sich selbst übereinstimmen. Daher kann das Recht sich nicht selbst widerstreiten, und vermöge der Einheit seiner Form, als des Grundes, muß aus jedem Rechte sich jedes andern herleiten lassen, wie die logische Folge aus ihrem Grunde.

Die Grundregel des Rechts ist: daß der Freyheitsgebrauch nicht mit sich selbst streite. Dieser Grundregel muß jede besondere Regel, folglich auch jedes Recht gemäß seyn.

Folgerungen.

Alle Rechtsbegriffe gehören demnach in ein logisches System.

Alle Rechte beziehen sich auf ein reales System freyer vernünftiger Wesen.

(Die verschiedene Materie des Rechts kann sich wechselseitig ausschliessen, d. h. ihre Vereinigung kann sich selbst und der Rechtsform widersprechen. Materiale Rechte können also sowohl disjunktiv seyn, als mit einander collidiren. Dieß hebt die systematische Einheit der Rechte keineswegs auf.)

§. 116.

4) Merkmal der Modalität. Jedes Recht muß apodiktisch gewiß seyn, alles Recht ist also seiner Form nach nothwendig, und eine Ungewißheit des Rechts kann nur in Ansehung des Objekts für die Anwendung des Rechts statt finden.

(Dieß bringt die Natur eines Gesetzes, d. h. einer vernünftigen Regel mit sich. Die Zufälligkeit der Bedingungen, wovon die Anwendung einer Regel abhängt, thut der Nothwendigkeit dieser Regel selbst keinen Abbruch.)

§. 117.

Ein Freyheitsgebrauch nach einer Regel, welche nur als particulär gültig, unbestimmt, veränderlich, aus blos äussern Gründen gültig, mit sich selbst oder mit andern Rechten streitend und als zufällig und ungewiß gedacht werden kann, ist **äusserlich vollkommen unrecht**.

§. 118.

Wenden wir das allgemeine Rechtsprincip, welches bisher durch alle transcendentale Merkmale durchgeführt und vollständig bestimmt werden, auf die obige Tafel (24) der verschiedenen a priori denkbaren Rechte an: so entstehen besondere Principien, wodurch die oben gegebene Nominalerklärung in eine Sacherklärung jeder Art von Rechten verwandelt wird.

§. 119.

Ein **allgemeines Recht** *in concreto* ist derjenige Gebrauch der Freyheit, welcher allen Personen ohne Widerstreit mit sich selbst in einem Systeme vernünftiger Wesen eingeräumt werden kann.

Die Handlung, wozu ein jeder äusserlich vollkommen berechtigt und befugt seyn soll, muß von der Art seyn, daß sie für den Freyheitsgebrauch anderer nicht einschränkend seyn kann, (z. B. eine innere Handlung); denn sonst könnte eine Ausnahme statt finden, welche die Allgemeinheit des Rechtes aufhebt.

Das allgemeine Recht ist entweder **unbedingt und schlechthin allgemein**, d. i. ein Urrecht, welches keine physische noch moralische Bedingung, sondern lediglich die vernünftige Natur voraussetzt, oder **bedingter und zufälligerweise allgemein**, dessen Bedingung zufälligerweise bey allen Personen statt findet. — Jenes bestimmt eine absolute, dieses eine comparative Allgemeinheit (Generalität) eines Rechts z. B. des Rechts der Menschheit.

§. 120.

Ein **besonderes Recht** kann nur ein bedingtes seyn, welches von einer nicht allgemeinen Bedingung abhängt. Denn sonst würde der Rechtsgrund selbst nicht allgemein seyn, dadurch aber das Wesen (die Form) des Rechtes aufgehoben werden.

Eben dieses gilt von einem **individuellen Rechte** d. h. die Regel, wornach mir allein ein (ausschliessendes) Recht zukömmt, muß universal seyn, und nur die Bedingung einer bestimmten möglichen Anwendung dieser Regel findet lediglich bey mir als diesem Individuum statt.

§. 121.

Das individuelle Recht kann daher ein particuläres und dieses ein universales Recht werden, und umgekehrt.

§. 122.

Ein **bejahendes Recht**, d. i. das Recht auf den willkürlichen Gebrauch von etwas zu Beförderung der Zwecke meiner Freyheit, kann nur statt finden, in so fern dieß ohne Einschränkung der regelmäßigen allgemeinen Freyheit geschieht. Ist nun das, was ich brauchen will,

1) eine bloße Sache, d. i. keine Person, noch mit einer Person rechtlich verbunden, so findet hier ein bejahendes reales Recht ohne weitere Bedingung statt, wofern nur der Gebrauch dieser Sache selbst nicht einschränkend für die Freyheit anderer ist.

2) Ist aber das, was ich gebrauchen will, eine Person: so kann ein bejahendes persönliches Recht nur nach einer Regel statt finden, in deren allgemeine Gültigkeit der freye Wille dieser andern Person selbst einstimmt, und wobey also diese als Person, d. i. als berechtigtes Wesen bestehen kann.

Anmerkung.

Wenn eine Sache mit einer Person so verbunden ist, daß der Gebrauch dieser Sache zu meinen Zwecken nicht ohne den Gebrauch der Person zu meinen Zwecken möglich wäre, so ist ein solches Recht nicht als ein bloßes jus reale, sondern als personale anzusehen und zu beurtheilen.

§. 123.

Ein verneinendes Recht d. h. ein Recht der Hinderung meines Freyheitsgebrauchs zu widerstehen, (nicht: Beförderung desselben zu fordern) findet überall statt, wo die Regel, nicht zu widerstehen, die Einstimmung des Freyheitsgebrauchs mit sich selbst aufheben würde, folglich nicht allgemeines äusseres Gesetz seyn kann.

Wenn ich nicht jeder Hinderung meines Freyheitsgebrauchs, welcher mit dem allgemeinen nach einer Vernunftregel nicht streitet, äusserlich widerstehen dürfte, d. h. wenn der andere meiner Rechtsvertheidigung einen Zwang entgegensetzen dürfte; so widerspräche das Rechtsgesetz sich selbst.

Jedes äussere vollkommene Recht ist also vernei‐
nend, d. h. ein Zwangsrecht.

§. 124.

Jede Limitation eines bejahenden (122) oder
verneinenden (123) Rechtes muß durch eine allge‐
meine Regel bestimmt seyn, welche aus dem Grunde
des beschränkten Rechtes selbst herfließt.

Dieses bringt die Natur eines Rechts mit sich.
Alles Recht beruhet auf allgemeinen Gesetzen; folg‐
lich dürfen auch die Ausnahmen von einem Rechte
nicht beliebig seyn, sondern sie müssen, so fern sie
rechtmäßig seyn sollen, auf einem allgemeinen Gesetze
beruhen, welches für alles und jedes Recht Eines
und ebendasselbe ist. Folglich ist der Grund der
Beschränkung und der Grund des beschränkten Rech‐
tes Einer und derselbe.

§. 125.

Die Rechte sind entweder wesentlich, oder
ausserwesentlich.

Wesentlich und daher absolut unverän‐
derlich ist ein Recht, welches auf dem Wesen
einer freyen vernünftigen Natur (Person) ohne alle
weitere Bedingung beruht. Derjenige Freyheitsge‐
brauch, dessen Verhinderung unter keinen mögli‐
chen Umständen um der allgemeinen Freyheit willen
nach einer Regel nothwendig seyn kann, welcher
also schlechterdings mit dem allgemeinen regelmäßi‐
gen Freyheitsgebrauche nicht streitet — ist wesentlich
recht.

Alle wesentliche Rechte sind also unbedingt, und
umgekehrt.

§. 126.

Alle andere Rechte sind ausserwesentlich und mithin veränderlich; noch kann diese Veränderung eines Rechtes nur nach einer allgemeinen und unveränderlichen Regel als rechtlich möglich gedacht werden.

Kein Recht ist wesentlich, welches nicht in dem Begriff einer Person zureichend gegründet ist. Die ausserwesentlichen Rechte sind zwar auch in dem Begriffe von einer Person gegründet, aber nicht zureichend, sondern es muß noch etwas anderes hinzukommen.

Alle ausserwesentliche Rechte sind also bedingt, und umgekehrt.

§. 127.

Ein bedingtes Recht beruht nemlich theils als bloßes Recht betrachtet auf dem Begriff einer Person überhaupt, theils auf einer besonders hinzugekommenen Bedingung (nähere Bestimmung des Begriffs von der Person). Diese Bedingung kann aber nur durch eine allgemeine Regel Bedingung des Rechts seyn; folglich ist alles dasjenige bedingtes Recht, ohne welches unter der gegebenen Voraussetzung das wesentlich unbedingte Recht aufgehoben würde.

§. 128.

Ist die Bedingung eines Rechtes (127) der rechtmäßige Freyheitsgebrauch einer andern Person, so entsteht ein reciprocables oder geselliges Recht. Das Princip ist: Wenn, unter Voraussetzung eines gewissen Freyheitsgebrauchs eines andern, ich meine Freyheit als Person nicht gesetzmäßig

gebrauchen könnte, ohne einen bestimmten Freyheitsgebrauch von meiner Seite, so bin ich zu dem letztern
bedingt berechtigt.

Alle Rechte beruhen auf dem wesentlichen, unbedingten Rechte. Ihr Princip (125) ist also das
Princip aller Rechte überhaupt. Daraus fließt (127)
das Princip aller bedingten Rechte überhaupt (z. B.
des Eigenthums), und hieraus entspringt insbesondere der Grundsatz aller geselligen Rechte (128) z. B.
der Verträge.

§. 129.

In dieser Rücksicht sind
1) alle bedingte und veränderliche Rechte den unbedingten und wesentlichen Rechten subordinirt.

2) alle bedingte Rechte sind einander coordinirt in Bezug auf das unbedingte Recht; ihre Bedingung mag übrigens dieselbe, oder die Bedingung
des einen von der Bedingung des andern unabhängig seyn.

3) alle subordinirte und coordinirte Rechte sind
mit einander verträglich.

4) wenn die Bedingung A und die Bedingung
B nicht zugleich bey einer und derselben Person statt
finden können, so sind die davon abhängenden Rechte
unverträglich, und zwar wenn A und B contra-
dictorische Sätze sind, so sind die davon abhängenden
Rechte disjunctiv gültig, d. h. es muß einer
Person entweder das eine oder das andere Recht zukommen; sind A und B einander conträr ent-
gegengesetzt; so sind es auch die dadurch bedingten Rechte.

5) Wesentliche und unbedingte Rechte können nie mit einander unverträglich seyn, weil sonst die (Vernunft, das Gesetz) Person sich selbst widersprechen müßte.

§. 130.

Ein Recht ist möglich (problematisch) d. h. ein gewisser Freyheitsgebrauch kann rechtlich statt finden, wenn Bedingungen rechtlich eintretten können, unter welchen dieser Freyheitsgebrauch mit dem allgemeinen gesetzmäßig besteht. Ein Recht ist unmöglich, wenn diese Bedingungen nicht rechtlich eintretten können, wenn ihre Voraussetzung selbst dem unbedingten Rechte widersprechen würde.

§. 131.

Ein Recht ist würklich (assertorisch), wenn die Bedingung eintritt, unter welcher ein gewisser Freyheitsgebrauch mit dem allgemeinen Freyheitsgebrauche nach einem Gesetze vereinbar ist. Ausserdem ist das bedingt mögliche Recht nicht würklich. Unter Voraussetzung der Bedingung (z. B. eines Vertrags) ist das Recht bedingt nothwendig und apodiktisch gewiß.

§. 132.

Ein absolut nothwendiges Recht kann nur ein wesentliches und unbedingtes Recht seyn; umgekehrt ist jedes wesentliche und unbedingte Recht absolut nothwendig. Jedes bedingte Recht dagegen ist an sich zufällig.

§. 133.

Die Form des Rechtes hat keine vergleichbare Grösse und also auch keine Grade. Daher ist, an sich betrachtet, ein Recht so heilig und unverletzbar als das andere. Der Unterschied zwischen höhern und niedern, wichtigern und unbedeutendern Rechten bezieht sich blos auf die Materie oder die Objekte des Rechts, d. h. auf die Menge der rechtlich möglichen Handlungen und auf die Grösse der dadurch möglichen und beabsichtigten Zwecke.

§. 134.

Das reine formale Recht ist schlechthin allgemein, unbeschränkt (allbeschränkend), wesentlich und unbedingt, und absolut nothwendig, und also Eines; zugleich aber auch die höchste reine Bedingung aller mannichfaltigen materialen und empirischen besondern, beschränkten, bedingten und zufälligen Rechte.

(Dieß folgt aus dem Begriffe eines reinen, formalen Rechts a priori.)

§. 135.

Das reine formale Recht ist also auch unveränderlich, folglich auch unerwerblich, unverlierbar, unveräusserlich, unübertragbar, unverlaßlich, keinem Zweifel, und keiner Beschränkung unterworfen.

§. 136.

Was nicht reines und formales, sondern materiales und empirisch erkennbares Recht ist, das ist auch nicht schlechthin allgemein, unbeschränkt, unbedingt und nothwendig: das ist an und für sich veränderlich, erwerblich, verlierbar, veräusserlich, übertragbar, verlaßlich, dem Zweifel und der Beschränkung unterworfen.

(Es ist widersprechend schon in dem Begriffe, daß das Recht sich selbst in seinem Wesen ändere oder zerstöre; die Person kann durch keinen perſönlichen Akt ihre Perſönlichkeit direkt aufheben. Aber jeder Gegenſtand der Perſon iſt veränderlich, und das Verhältniß zwiſchen ihm und der Perſon iſt veränderlich. Daher auch z. B. das Recht auf mein leibliches Leben, auf meine Glieder, auf die Elemente, welche meinen Leib conſtituiren.)

§. 137.

Das reine formale Recht iſt weſentlich Eines; es kann aber in einer dreyfachen Beziehung vorgeſtellt werden:

1) als **Recht Perſon zu ſeyn, Recht der perſönlichen Freyheit.** (Freyheit der Zwecke.)

2) als **Recht auf Sachen.** (Freyer Gebrauch der Mittel.)

3) als **Recht der perſönlichen Gleichheit** mit allen andern Perſonen. (Beſchränkung der Freyheit im Gebrauch der Mittel durch Freyheit der Zwecke.)

Unter der erſten Benennung wird das Recht ſchlechthin, als Recht des Subjekts, unter der andern und dritten Benennung wird das Recht in ſeiner doppelten möglichen objektiven Beziehung, nemlich theils auf bloſſe Sachen, theils auf andere Perſonen vorgeſtellt.

(Es iſt hier nicht von drey verſchiedenen reinen Rechten die Rede; dieß enthielte einen Widerſpruch; ſondern von drey verſchiedenen Vorſtellungsarten Eines und eben deſſelben Rechtes. Dieſe läßt ſich auf folgende Art deduciren. — Man denkt ſich 1) ein **bloſſes Subjekt der Freyheit;** eine Perſon, berechtigtes Weſen; und ſtellt ſich das Recht als im Subjekt gegründet vor, als ein Recht Perſon zu ſeyn, als Perſon perſönlich thätig zu ſeyn, ſelbſt

Zwecke zu setzen, Recht der Selbstherrschaft. 2) Ein blosses Objekt der Freyheit, d. h. blosse Sache. Darauf bezieht sich meine Freyheit positiv und einseitig; ich darf die Sache als Mittel gebrauchen für meinen Zweck, und dieses Recht ist durch den Begriff von der Sache selbst gar nicht beschränkt. Die Natur als solche setzt meiner Bestimmung durch Freyheit, d. i. meiner Herrschaft keine Gränze. 3) Ein Objekt und Subjekt der Freyheit zugleich, oder meine Freyheit in Bezug auf Personen. Sie bezieht sich darauf nur negativ und wechselseitig, d. h. ich habe das Recht, mich nicht durch andere Personen willkührlich bestimmen zu lassen; jede andere Person hat dasselbe Recht, und die Freyheit des Einen setzt der Bestimmung der Freyheit des andern gesetzmäßige Gränzen. — Freunde transcendentaler Reflexionen können damit die Tafel der Categorien vergleichen, und bemerken, daß die erste Formel auf die Einheit des Subjekts, die zweyte auf Vielheit möglicher Objekte, die dritte auf Allheit der Subjekte sieht; die erste das Berechtigte (positiv), die zweyte das Nichtberechtigte, die dritte das Beschränktberechtigte; die erste, die wesentliche einfache Bedingung (Subjekt) des Rechts, die zweyte eine Bedingung der Würksamkeit des Rechts (Objekt), und die dritte das Subjekt selbst durch das Subjekt als bedingt und beschränkt (in Gemeinschaft) vorstellt. Das Subjekt macht das Recht innerlich möglich, das Objekt würklich, d. h. anwendbar, und das Verhältniß mehrerer Personen zu einander auf eine einzig bestimmte Weise möglich, d. h. nothwendig.)

§. 138.
Allgemeines Urrecht.

1. als Recht der persönlichen Freyheit vorgestellt.

Ich bin Person, d. h. ein Subjekt, welches sich selbst Zwecke seiner Freyheit bestimmen soll und kann; ich habe als Person ein Recht auf Freyheit, d. h. auf Selbstbestimmung meiner Zwecke und meiner Thätigkeit in Bezug auf dieselben.

Jede Person hat aber dasselbe Recht; folglich ist mein Recht auf persönliche Freyheit nicht ausschliessend und unbeschränkt.

Das Recht kann sich selbst nicht widersprechen; die einschränkende Bedingung aller Rechte ist also die, daß jede Person als Person frey handeln, selbst ihre Zwecke bestimmen und für dieselben thätig seyn könne.

(Negativ h. dieses Recht: Ich bin nicht bloße Sache, nicht bloßes Objekt der Freyheit, nicht bloßes Mittel für einen Zweck.)

§. 139.
Allgemeines Urrecht.

2. als das Recht auf Sachen d. h. auf Materie, vorgestellt.

So wie das bloße Subjekt der Freyheit Person heißt, so heißt das bloße Objekt der Freyheit eine Sache. Sache in juridischem Sinne ist daher nur ein unfreyes, vernunftloses Wesen. Habe ich das Recht, Person zu seyn, und als Person frey zu handeln, und Zwecke meiner Thätigkeit selbst zu bestimmen (138): so muß mir auch ein Recht zukommen, ohne welches die Ausübung meiner persönlichen Freyheit schlechterdings unmöglich wäre. Nun ist freye Thätigkeit unmöglich ohne Objekte der Freyheit, welche ich selbst bestimme, und Zwecke sind unerreichbar, ohne Mittel zu Realisirung derselben. So wahr ich also Person bin, und ein Recht auf persönliche Freyheit habe, so muß mir auch ein Recht auf Sachen zukommen, d. h. ich muß unfreye und vernunftlose Wesen zu Objekten meiner freyen Thätigkeit machen, als Mittel für meine Zwecke gebrauchen können.

§. 140.
Folgerung.

Nennt man den Innbegriff der Sachen, als Sachen, Natur, (im Gegensatze des Reiches freyer Wesen), so habe ich also ein Recht auf die Natur, sie zu beherrschen, d. h. als bloßes Objekt für meine Thätigkeit zu bestimmen, oder sie als Mittel für meine Zwecke zu gebrauchen.

Jede andere Person hat ebenfalls ein Recht auf Sachen, folglich auf die Natur; mein Recht auf die Natur ist also an sich nicht ausschliessend und unbeschränkt, sondern es geht nur so weit, als jede Person als Person dabey bestehen kann.

§. 141.
Allgemeines Urrecht.

3. als das Recht der persönlichen Gleichheit vorgestellt.

Jede Person hat das Recht, von keiner andern Person als ein bloßes Objekt der Freyheit äusserlich behandelt und als bloßes Mittel gebraucht zu werden. Das Recht, eine Person, als ein Objekt durch seine freye Thätigkeit zu behandeln, ist also auf die Bedingung eingeschränkt, daß diese Handlung selbst ein Objekt der freyen Thätigkeit der behandelten Person seyn, daß mithin diese bey der Handlung auch als Subjekt des Rechts beziehen könne.

Ich habe also das Recht, mich durch keine Person willkührlich bestimmen zu lassen, d. h. anders, als nach einer solchen Regel, welche selbst ein mögliches Objekt meines Willens ist; denn alsdann werde ich zugleich als ein Subjekt, nicht blos als Objekt der Freyheit; als Person, nicht als blosse Sache behandelt.

§. 142.
Folgerungen.

1) Jedes Recht auf freye Thätigkeit (138) und auf Objekte derselben (139) ist auf die Bedingung beschränkt, daß die Regel derselben ein Objekt des Willens jeder Person seyn könne. (Die Regel wollen, und das, was ihr gemäß ist, nicht wollen, ist unvernünftig. Zum Rechte ist nur erforderlich die vernünftige Einwilligung, d. h. in die Regel, und der vernünftige Widerspruch gegen die Folge aus der allgemein gebilligten Regel hebt das Recht nicht auf.)

2) Keine Person darf mich als Mittel gebrauchen zu Zwecken, die ich nicht gewählet, und auf eine Weise, die ich nicht für gut befunden habe. (Ich werde als blosses Mittel gebraucht, wenn man mich willkührlich d. h. nach einer Regel behandelt, die mit meinem Willen nicht übereinstimmen kann.)

3) Ich darf gegen jede Person Gewalt brauchen, in so fern mir dieselbe Zwecke und Mittel meiner Thätigkeit bestimmen will, wider und ohne meinen Willen.

§. 143.

4) Rechtlicher Weise ist keine Person Despot über irgend eine andere, d. h. keine Person hat eine willkührliche absolute Gewalt über die andere Person, sie nach ihrem Willen zu bestimmen, und einen unbedingten, blos passiven, Gehorsam zu fordern. (Gehorsam kann nur nach einer Regel gefordert werden, worein der Gehorchende selbst willigt; er muß dabey als freyes Wesen bestehen. Die Bestimmung durch fremden Willen muß Folge seiner Selbstbestimmung seyn.)

5) Keine Person hat rechtlicher Weise eine gränzenlose und gesetzlose Freyheit, rechtliche Licenz oder Zügellosigkeit, d. h. eine Freyheit, nach blossem Belieben, d. i. nicht nach solchen Regeln zu handeln, welche das Objekt des Willens einer jeden Person seyn und mit der Freyheit aller bestehen können.

(Den Despotismus und die Licenz verwerfen ist Eines).

§. 144.

6) Durch die Freyheit der einen Person wird die Freyheit keiner andern Person weder gänzlich noch zum Theil beliebig aufgehoben. Die Einschränkung der Freyheit des andern, durch die Freyheit des einen kann rechtlich nur nach einer solchen Regel geschehen, welche als das Objekt des beyderseitigen Willens denkbar ist; es giebt also kein positives persönliches Urrecht auf Handlungen einer andern Person.

7) An und für sich, d. h. ohne auf besondere Bedingungen zu sehen, kann eine jede Person jede Sache zum Objekt einer jeden beliebigen Thätigkeit und zum Mittel für jeden beliebigen Zweck machen. Es giebt

also kein Ureigenthum einer Person von einer Sache. (Denn sonst müßte es ein ursprüngliches positives Recht (Num. 6.) anderer geben, die Thätigkeit einer Person auf dieses Objekt zu verhindern.)

§. 145.

8) Alles persönliche positive Recht ist also (144. Num. 6.) erworben.

9) Alles Eigenthumsrecht auf eine Sache ist erworben.

10) Alle Erwerbung sowohl persönlicher als Eigenthums-Rechte, muß durch einen freyen Akt des Erwerbenden nach einer Regel geschehen, womit die allgemeine Freyheit der Personen zu handeln und Gegenstände zu behandeln bestehen, und die also ein Objekt des allgemeinen Willens freyer vernünftiger Wesen seyn kann.

Weitere Entwickelung
des formalen Rechts, nach dieser dreyfachen Vorstellungsart.

§. 146.

Das Recht persönlich frey zu handeln (138) enthält:

1) das Recht einer Person, positiv zu handeln.

2) das Recht Handlungen zu unterlassen, wie sie will, ohne daß andere sie zu Handlungen oder Unterlassungen bestimmen dürfen.

3) das Recht auf die nothwendigen innern und äussern Bedingungen, ohne welche ich nicht frey handeln kann. Hierinn besteht die a priori denkbare Materie dieses Rechts. —

E

Die perſönliche Freyheit zu handeln ſtimmt mit der Form des Rechts überein, in ſo fern ſie auf die Bedingung eingeſchränkt iſt, daß andere Perſonen auch als Perſonen frey handeln können.

§. 147.

Unrecht iſt alſo:

1) überhaupt jede beliebige, d. h. ſolche Einſchränkung der Freyheit einer Perſon, wozu der Wille aller und jeder in Gemeinſchaft lebender Perſonen nicht einwilligen kann, oder welche nicht um der allgemeinen Freyheit willen nothwendig iſt.

2) ins beſondere:

a) jede willkührliche Aufhebung der perſönlichen Exiſtenz einer Perſon. Um frey handeln zu können, muß die Perſon exiſtiren. (Wenn Freyheit und Vernunft, als die perſönlichen Eigenſchaften ſich in der Zeit entwickeln: ſo iſt Tödtung eines Weſens, welches bereits die Anlagen dazu beſitzt, als Vernichtung einer Perſon anzuſehen. S. das angewandte Naturrecht.

b) folglich jede willkührliche Zerſtörung oder Schwächung des Vermögens der Freyheit einer Perſon z. B. gehinderte Enwickelung der Vernunft, Berauſchung.

c) jede willkührlich angewandte phyſiſche Gewalt, wodurch ein freyes Weſen beſtimmt werden ſoll, zu thun, was es nicht will, oder daran verhindert werden ſoll, zu thun, was es will; ſein Wille mag nun vernünftig oder unvernünftig, klug oder thöricht, menſchenfreundlich oder lieblos, ſittlich gut oder böse seyn, — wofern er nur nicht äusserlich ungerecht ist, d. h. auf Verletzung der Freyheit anderer Wesen abzielt.

d) **Zerstörung des Zwecks seiner Handlung**, so fern dieser Zweck nur nicht ungerecht war; sie bestehe nun in der Zerstörung alles Zwecks überhaupt, welcher durch die Handlung erreicht werden kann, und in Aufhebung ihrer Zweckmäßigkeit überhaupt; oder in Zerstörung desjenigen bestimmten Zwecks, welchen die handelnde Person hat, d. i. in Verwendung der Handlung für den Zweck eines andern.

§. 148.

Das Recht auf Sachen (139) enthält

1) **überhaupt**: das Recht, jede Sache, d. i. jedes vernunftlose, unfreye Wesen zu behandeln, d. h. es zum Objekt meiner Thätigkeit zu machen — so weit dieses nur ohne Verletzung einer Person geschehen kann.

2) **ins besondere**:

a) jede Sache, ohne Unterschied der Grösse, Menge und Beschaffenheit nach meinem Willen zu verändern, zu verbessern oder zu verschlechtern, eine Sache mit der andern oder mit mir selbst zu verbinden, Sache von Sache oder von mir zu trennen, ihre Form zu erhalten, zu verändern, oder zu zerstören.

b) jede Sache als Mittel zu einem jeden, guten oder bösen, — nur nicht ungerechten — Zwecke zu gebrauchen; sie mag nach anderer Meynung dazu geschickt oder untauglich, oder auch zu andern, vielleicht edlern und wichtigern Zwecken, geschickt seyn — folglich auch die Natur zu mißbrauchen.

c) eine Sache, welche noch nicht Objekt für die Thätigkeit einer andern Person und Mittel für ihre Zwecke geworden ist, durch meinen Willen so mit mir zu verbinden, daß ein anderer sie nicht frey bestimmen oder für seine Zwecke gebrauchen könnte, ohne meine persönliche Freyheit und ihre Zwecke dadurch zu verletzen, d. h. mir eine Sache zuzueignen. Zueignungsrecht. Endlich

d) die Sachen in dieser Verbindung mit mir zu erhalten, oder nicht zu erhalten. Eigenthumsrecht.

Alles dieß gehört zur Materie des Rechts auf Sachen.

§. 149.

Die Form des Rechts auf Sachen besteht in der Einschränkung desselben auf die Bedingnng, daß jedermann sich durch Behandlung von Sachen als freythätige Person beweisen könne. Hieraus folgt:

1) das Recht einer jeden Person auf alle Sachen überhaupt ist an und für sich kein Eigenthumsrecht, d. h. kein Recht andere von dem Gebrauche derselben auszuschliessen und zu verhindern, daß andere Personen nicht persönliche Gegenstände behandlen, und als Mittel für ihre Zwecke gebrauchen können.

2) Ich darf nicht Sachen behandlen, deren Behandlung eine Störung der freyen Thätigkeit anderer Personen seyn würde.

§. 150.

Folglich (149. Num. 2.)
a) kömmt mir kein Recht zu auf solche Gegenstände, welche zu der persönlichen Existenz eines andern freyen vernünftigen Wesens nothwendig gehören, in so fern sie dazu gehören.

b) kein Recht auf eine solche Sache, die das Objekt der freyen rechtmäßigen Thätigkeit einer andern Person ist, welche ich durch Behandlung eben dieses Objekts beschränken, hemmen, oder ihres Zweckes berauben müßte.

c) Solche Gegenstände, die durch freye Thätigkeit einer andern Person zu Mitteln für ihre Zwecke vermittelst der Ausschliessung anderer bestimmt sind, darf ich nur so weit behandeln, als jene Person es will.

d) kömmt mir kein Recht zu einer solchen Behandlung eines Gegenstandes zu, wodurch ein anderer in der freyen rechtmäßigen Behandlung eines andern Gegenstandes gehindert, oder der Zwecke seiner gesetzmäßigen Freyheit beraubt würde.

§. 151.

Unrecht ist also:
1) überhaupt jede gewaltsame Verhinderung einer Person, Sachen nach ihrem Willen und für ihre Zwecke zu behandlen. Folglich
2) ins besondere
 a) jede Vernichtung aller Objekte der möglichen freyen Thätigkeit des andern. Denn

wäre dieß möglich: so könnte der andere nicht als Person existiren.*)

b) jeder Akt, wodurch eine Person von allen Objekten der Thätigkeit gänzlich getrennt und die Behandlung derselben schlechthin unmöglich würde. (Wenn es also Objekte giebt, ohne welche es für eine bestimmte Person überall keine möglichen Objekte ihrer Thätigkeit gäbe, wie z. B. unser Leib: so ist jede Zerstörung derselben Unrecht.)

c) jede beliebige, d. i. nicht durch eine der allgemeinen Einstimmung freyer Wesen fähige Regel bestimmte — Bestimmung, welche und wie viel Objekte eine Person behandeln solle oder nicht.

d) jede beliebige Bestimmung der Art und Weise, wie der andere diese Objekte gebrauchen oder nicht gebrauchen soll; folglich auch

e) jede gewaltsame Verhinderung des Misbrauchs der Natur, so fern er nur nicht ungerecht ist.

f) jede gewaltsame Verhinderung einer Person sich etwas, was nicht Eigenthum eines andern ist zuzueignen; endlich

g) eine jede Verletzung des Eigenthumsrechtes.

---

*) Wenn Gott als heiliges Wesen die freye moralische Thätigkeit seiner persönlichen Geschöpfe will: so will er eben darum, daß es auch Objekte derselben, d. h. eine materiele Welt gebe. — Das Daseyn derselben ist die objektive Bedingung der Möglichkeit, die Forderung des Sittengesetzes zu erfüllen.

§. 152.

Das Recht der persönlichen Gleichheit (142), drückt a priori die Form des Rechts selbst aus.*) Diese rechtliche Gleichheit enthält folgende Sätze:

1) Es giebt keine Person ohne Recht. Das Recht der persönlichen Freyheit und der rechtlichen Möglichkeit, Sachen zu behandlen, kömmt nicht Einer, oder einigen, sondern allen Personen zu.

2) Ursprünglich, d. h. vor allem Gebrauch der Rechte hat jede Person das Recht zu einem jeden möglichen Gebrauch der Freyheit in Bezug auf jedes Objekt. Ursprünglich ist kein Recht auf bloße Sachen ausschließend, d. h. es giebt ursprünglich kein Eigenthumsrecht.

3) Das Recht der einen Person ist an sich so heilig und unverletzlich, als das Recht der andern.

4) Keiner darf ein Recht verletzen. Das Recht zu zwingen, d. i. Störungen meiner persönlichen Freyheit mit Gewalt abzuwehren, ist allen gemein, gegen alle und jede. Mit jedem Rechte ist ein negatives persönliches Recht oder ein Zwangsrecht verbunden, gegen alle und jede Personen.

Es giebt also von Natur keinen gnädigen Herrn**) d. h. keine Personen, gegen welche schlechterdings kein Zwangsrecht statt fände.

---

*) So wie Freyheit, die a priori bestimmte subjektive, und Beziehung auf Sachen, die a priori bestimmte objektive Materie des Rechtes.

**) Gnade ist der Rathschluß eines Oberen zu Ertheilung eines Guten, wozu der Untergeordnete weiter nichts als die (moralische) Empfänglichkeit hat

Folglich giebt es auch keine Person, die gar kein Zwangsrecht besäße d. h. keinen Sklaven. (Gnädiger Herr und Sklav in rechtlichem Sinne, sind Correlata.)

5) Vor allem Rechtsgebrauche giebt es kein persönliches bejahendes Recht, d. h. jedes Recht, eine Handlung des andern für fremde Zwecke zu fordern, muß erworben werden.

6) Für alle Personen gilt ursprünglich dieselbe Regel, wornach ein Recht erworben (modus acquirendi) wird.

7) Die Regel, wornach Rechte beurtheilt, angewandt und vertheidigt werden, ist für alle und jede Personen dieselbe.

§. 153.

Diese rechtliche Gleichheit enthält also nicht:

1) eine natürliche Gleichheit der Gegenstände, worauf jemand sein Recht physisch anwenden kann, oder, Gleichheit der Kraft, Gegenstände zu behandeln. Ist diese Kraft von Natur ungleich, so würde durch eine gewaltsame Gleichmachung die persönliche Freyheit der stärkern Person zu Gunsten der schwächern Person, also die wahre rechtliche persönliche Gleichheit verletzt.

2) keine Gleichheit der erworbenen, sowohl auf blosse Sachen als auf Personen sich beziehenden, Rechte; denn da eine Person mehr Kraft besitzen oder sie mehr und zweckmässiger anwenden kann, als die andere: so könnte eine solche Gleichheit der erworbenen Rechte (sowohl des Eigenthums als der persönlichen bejahenden Rechte) nur durch Einschränkung der persönlichen Freyheit einiger Personen,

durch Zerstörung ihrer realisirten Zwecke, oder durch würkliche Verwendung derselben als Mittel für fremde Zwecke d. i. durch offenbare Verletzung der rechtlichen Gleichheit bewürkt werden. *)

§. 154.

Das Recht der persönlichen Freyheit, Gegenstände unter der Form der rechtlichen Gleichheit, zu behandeln, kömmt nicht nur physischen sondern auch moralischen Personen zu.

§. 155.

Subjekt der Rechte ist jede Person. Eine Person ist ein freyes vernünftiges Wesen; es mag sich nun in dieser Qualität würklich in der Erscheinung zeigen oder nicht, wenn nur Gründe da sind, das Daseyn einer Person in der Verstandeswelt anzunehmen. Die Rechtspflicht bezieht sich also auch auf diejenigen, welche ihre Rechte selbst nicht kennen oder nicht ausüben können; auf Unmündige und Minderjährige. Da aber nur durch freye Handlungen Rechte erworben werden, so kommen diesen Personen in so fern nur die ursprünglichen Rechte nebst ihren vom eignen Freyheitsgebrauche unabhängigen Folgen (z. B. des Rechts der Vertheidigung gegen Läsion) aber keine erworbnen Rechte zu.

(Der Begriff von Unmündigen ist in der Anwendung relativ. Es kann eine Person gewisse

---

*) In wie fern läßt sich also behaupten: Les hommes naissent *et demeurent* libres et *égaux en droits*. - - Le but de toute association politique est la conservation des droits naturels et imprescriptibles de l'homme. Ces droits sont la liberté, la *propriété* etc.

Rechte erkennen und ausüben, andere nicht. Darauf bezieht sich das „In so fern,, in der Rechtsregel.)

§. 156.

Ein Recht nicht prätendiren, von einem Rechte nachlassen, oder ganz und gar Verzicht darauf leisten, oder dasselbe nicht mit Gewalt vertheidigen kann, zwar moralisch unerlaubt und unrecht seyn, ist aber keine Verletzung des äussern Rechts; folglich verletzt auch derjenige das Recht einer andern Person nicht, welcher ohne physischen Zwang diese andere Person dazu bewegt. *Volenti non fit injuria.*

§. 157.

Jede Person ist frey und vernünftig. Als vernünftiges Wesen kann jede Person das Recht beurtheilen; als freyes Wesen darf jede Person ihr Recht gebrauchen, d. h. das Rechtsurtheil in Ansehung eigner Rechte ausführen.

Rechte beurtheilen und ausführen heißt r i c h t e n.

Jede (physische oder moralische) P e r s o n ist an und für sich R i c h t e r i n A b s i c h t a u f i h r e e i g n e n R e c h t e.

§. 158.

F r e m d e R e c h t e kann zwar ein jeder b e u r t h e i l e n, aber n i c h t r e c h t s k r ä f t i g. Ueber fremde Rechte zu richten, widerstreitet der rechtlichen Freyheit und Gleichheit.

§. 159.

Unmündige und Minderjährige, können das ihnen zukommende Recht zu richten in ihrer eignen Sache in so fern nicht ausüben, als sie den vollständigen praktischen Vernunftgebrauch nicht besitzen. Dieß hebt aber die Rechtspflicht aller andern

Personen nicht auf. An und für sich ist jede andere Person berechtigt, die Rechte der Unmündigen zu beurtheilen und nach solchen (allgemein gültigen) Grundsätzen zu exequiren, in welche die unmündige Person als freyes vernünftiges Wesen selbst einwilligen könnte und müßte.

Wann und in so fern der Zustand der Unmündigkeit aufhört, dann tritt auch in so fern der eigne Gebrauch des Richteramtes ein, und der nun Mündige kann seiner Persönlichkeit selbst geltend machen durch eigne Beurtheilung und Execution seiner Rechte. Daher kann er sich auch nun gegen die Verletzung vertheidigen, die ihm während seiner Unmündigkeit von seinen angeblichen Vormündern oder von andern zugefügt worden ist.

§. 160.

Eben dieses Recht, mein Richter in Absicht auf eigne Rechte zu seyn, schließt zugleich das Recht in sich, die Art und Weise zu bestimmen, wie ich dieses Recht rechtlich gebrauchen will. Ich darf also in der Beurtheilung meines Rechts andere Personen zu Rathe ziehen; ja ich darf sogar mein Richteramt und die Beschützung meines Rechts einem andern ganz oder zum Theil übertragen. Andere Personen dürfen sich freywillig dazu erbieten, oder eine solche Uebertragung annehmen.

§. 161.

Da aber das Recht nichts beliebiges, sondern ein Objekt der Vernunft ist, so muß mein richtendes Urtheil objektiv, und daher allgemein gültig seyn, so daß es mit allem und jedem Rechte einer jeden Person übereinstimmt. Ich muß also von dem höchsten, allgemein gültigen Rechtsgrundsatz (im Obersatze) ausgehen, und in der Anwendung desselben den allgemein gültigen logischen Gesetzen getreu bleiben.

Jeder sogenannte Rechtsspruch, welcher davon abweicht, ist kein Rechtsspruch, sondern rechtlich ungültig, und braucht von keiner andern Person, deren Recht dadurch beeinträchtigt wird, anerkannt und befolgt zu werden.

§. 162.

Die Beurtheilung des Rechts zu Realisirung desselben, d. h. zum Richten, muß logisch richtig und gewiß seyn. Diese beruht auf der richtigen Verbindung des reinen, allgemeinen, formalen Rechtsgrundes, mit dem materialen Rechtsgrunde, d. i. die Vorstellung von der individuellen Thatsache, worauf das Rechtsgesetz bezogen worden, und wodurch die richtige Anwendung desselben bestimmt wird.

Dieser materiale Rechtsgrund ist:

1) entweder ein allgemeiner, d. i. die Thatsache, daß ein Wesen Person, und also Subjekt alles persönlichen Rechts ist, oder

2) ein besonderer, d. i. die Thatsache, daß eine Person durch eine Handlung sein Recht auf gewisse Weise modificirt und näher bestimmt, d. h. ein bestimmtes Recht (die gesetzmäßige Freyheit in Absicht auf eine gewisse Handlung) sich erworben, oder dasselbe verlohren habe.

(Wird das Recht durch einen andern beurtheilt, so muß der Grund rechtlich dargestellt, d. h. es muß ein Beweis des Rechts geführt werden.)

§. 163.

Der allgemeine materiale Rechtsgrund (162. Num. 1.) muß auf das ganze mögliche Recht einer Person, d. h. auf alle mögliche Handlungen seiner Freyheit in Bezug auf alle Objekte, bezogen werden, wofern nicht ein besonderer Grund (162. Num. 2.) erkannt wird, welcher eine Ausnahme von der allgemeinen Regel begründet.

§. 164.

Ist jedes Recht gleich unverletzlich, (und das Gegentheil anzunehmen, wäre widersprechend); darf also keine Person eine andere Person in ihrem Rechte und in dem Gebrauche desselben stören; so folgt: niemand darf irgend ein Objekt des Rechts beliebig, d. i. ohne allgemein gültigen Rechtsgrund verletzen; folglich auch nicht beliebig, d. h. ohne erkannten Grund voraussetzen, daß der Freyheitsgebrauch des andern widerrechtlich sey, und also mit Gewalt verhindert werden dürfe. *Ius bonae existimationis; quilibet praesumitur bonus, donec probetur contrarium.*

§. 165.

Jedes ursprüngliche Recht muß also bey jeder Person schon darum, weil sie Person ist, vorausgesetzt werden als vorhanden und nicht aufgehoben, bis das Gegentheil, d. i. eine Beschränkung desselben aus allgemein gültigen Gründen erkannt (erwiesen) ist. *Neganti jus originarium incumbit probatio.*

§. 166.

Ist ein erworbenes Recht zweifelhaft, so muß die das Recht begründende Thatsache von dem, welcher das Recht behauptet, als eine Einschränkung des ursprünglichen Rechtes anderer Personen, vernünftig erkannt werden, also auch für jedermann erweislich seyn *Affirmanti factum incumbit probatio.*

Die Unrechtmäßigkeit dieses Faktum (iniustum titulum acquirendi ius) muß der Gegner beweisen, weil die Rechtmäßigkeit eines jeden Freyheitsgebrauchs aus dem allgemeinen materialen Rechtsgrunde (162. Num. 1.) vorauszusetzen ist. *Neganti titulum juris incumbit probatio.*

§. 167.

Der Besitz eines erworbenen Rechts legt allen Personen die rechtliche Verbindlichkeit auf, dieses Recht nicht zu kränken, bis sie die Unrechtmäßigkeit seiner Erwerbart haben erweisen können. Der allgemeine materiale Rechtsgrund wird vorausgesetzt; die Ausnahme d. i. die Unrechtmäßigkeit dessen, was im Allgemeinen recht ist, muß besonders erkannt, also auch erst bewiesen werden können. *Beati possidentes.*

§. 168.

Die Vertheidigung des Rechts geschieht durch Zwang, Zwang ist Einschränkung der Freyheit einer Person, (direkt, oder indirekt durch Hinderung ihrer Zwecke) diese kann nur Recht seyn, so fern sie nach einer allgemein gültigen Regel als nothwendige Bedingung der Behauptung des Rechts vorgestellt wird, folglich nur dann, wenn der Zwang ausgeübt wird.

1) von Seiten des Beleidigten, der ein Recht zu vertheidigen hat.

2) gegen den Beleidiger (nicht gegen einen dritten, an welchem man sich schadlos halten möchte.)

3) in Proportion mit der Beleidigung d. i. der Zwang darf nicht größer seyn, als ihn der Beleidiger selbst unter den gegebenen Umständen nothwendig macht, um mein Recht gegen ihn zu schützen.

§. 169.

Ich bin auch hier mein eigner Richter und niemand darf mich also zwingen, mich nicht zu vertheidigen oder meine Vertheidigung dem Grade nach politisch oder moralisch einzuschränken; obgleich ein jeder sich und andere vertheidigen kann, wenn ich nach seinem Urtheil die rechtlichen (nicht blos moralischen) Gränzen meines Zwangsrechts überschreite.

§. 170.

Der rechtliche Zwang kann in Bezug auf diejenige Person, welche denselben um einer Beleidigung willen leidet, als rechtliche Strafe vorgestellt werden.

Eine Strafe ist rechtlich, wenn das physische Uebel, welches jemanden um einer Beleidigung willen zugefügt wird, durch diese Beleidigung zu einem nothwendigen Mittel der Behauptung des Rechts geworden ist, und folglich nach einer solchen Regel beschlossen und ausgeführt wird, welche der Bestrafte selbst, als mit der Form des Rechtes übereinstimmend, d. h. als gerecht, anerkennen kann und muß. — Der Beleidiger verdient so weit Strafe, als durch seine rechtswidrige Handlung zur Vertheidigung des Rechts nothwendig ist.

Rechtliche Belohnung findet nicht statt: denn dafür, daß der andere mich nicht verletzt hat, kann er (ohne Verletzung der gleichen persönlichen

Freyheit) keine Beförderung seines Freyheitsgebrauches von mir fordern. Wer mich nicht verletzt, kann von mir weiter nichts fordern d. h. als ein Recht verlangen und erzwingen, als daß ich ihn nicht verletze d. h. nicht strafe.

§. 171.

Der Richter entscheidet und exequirt das Recht; derjenige handelt nicht als Richter sondern ungerecht, welcher

1) seinem Richterspruche ein falsches Rechtsprincip zum Grunde legt,

2) jemanden wissentlich für den freyen Urheber einer Läsion des Rechts erklärt, der es nicht ist,

3) die Grösse der Schuld unrichtig bestimmt,

4) die rechtliche Gränze des Zwanges und der Strafe überschreitet, oder

5) wofern er das Richteramt durch Uebertragung führt, wenn er das Pactum verletzt in Absicht auf den Gebrauch des Rechts z. B. wenn er strenger ist, als der Committent es will; oder gelinder, als das Recht verstattet, und der Committent will.

§. 172.

Da jeder das Recht hat, in seiner eignen Sache zu richten, wenn er will, und da diese richterlichen Entscheidungen sich bey Wesen, die des Irrthums fähig sind, widersprechen können; da ferner niemand dadurch das Recht verletzt, daß er sein Recht vertheidigt, so ist es rechtlich möglich, daß zwischen zwey (physischen oder moralischen) Personen ein Krieg entsteht.

§. 173.

Im Kriege geht das Zwangsrecht des (nach seiner Ueberzeugung) Rechthabenden gerade so weit, als sich nach eben dieser Ueberzeugung die Nothwendigkeit erstreckt, sein Recht zu behaupten.

§. 174.

Jeder hat das Recht, sich mit andern Personen, welche darein willigen, zur Vertheidigung seines Rechtes zu verbinden. Jeder hat ferner ohne vorhergegangenen Vertrag das Recht, der (nach seiner Ueberzeugung) rechthabenden Parthey Beystand zu leisten; aber auch das Recht nicht zu leisten, sondern neutral zu bleiben.

§. 175.

Hat jeder ein Recht, sein Richteramt selbst zu führen: so kann niemand rechtlich gezwungen werden, sein Richteramt führen zu lassen; folglich auch nicht gezwungen werden, daß er den natürlichen Zustand verlassen, und in den Staat treten müsse. (Die Pflicht in den Staat zu treten, ist zwar eine moralische, aber keine äussere Rechtspflicht.)

Keiner kann ohne Vertrag Schutz seiner Rechte von dem andern fordern; keiner hat folglich ein Recht auf den Schutz eines Staats, ohne Bürger dieses Staats zu seyn.

Keiner kann von einem andern gezwungen werden, sich nicht durch andere richten zu lassen; keiner kann also rechtlich gezwungen werden, in dem natürlichen Zustande zu bleiben, oder darein zurückzukehren, so fern er nur die Rechte anderer Personen nicht lädirt.

Angewandtes Naturrecht.

§. 176.

Das angewandte Naturrecht bezieht die Idee und das Princip des Rechts auf die Natur und Verhältnisse der Menschen.

Es hat folgende Theile:

1) Absolutes Naturrecht, d. i. die Wissenschaft der ursprünglichen menschlichen Rechte.

2) Hypothetisches Naturrecht, d. i. die Wissenschaft der bedingten, von einer besondern Thatsache abhängigen, menschlichen Rechte.

    a) allgemeines hypothetisches Naturrecht, d. i. die Wissenschaft von den möglichen Arten Rechte zu erlangen überhaupt.

    b) besonderes hypothetisches Naturrecht, die Wissenschaft von den nähern möglichen Bestimmungen derselben

        α) aussergesellschaftliches Naturrecht,
        β) gesellschaftliches Naturrecht
            *) von Gesellschaften überhaupt,
            **) von den besondern Arten derselben; vornehmlich von den für die Zwecke der Menschheit unentbehrlichsten Gesellschaften, nemlich der Ehe, der Kirche, und dem Staate.

Absolutes Naturrecht.

§. 177.

Jeder Menſch iſt eine Perſon, d. i. ein freyes vernünftiges Weſen, und kein bloſſes Objekt der freyen Thätigkeit.

§. 178.

Jedem Menſchen kömmt alſo dasjenige Recht zu, welches in dem Begriffe einer Perſon gegründet iſt, nemlich: das Recht, ſeine perſönliche Freyheit in Bezug auf jede Sache gleich andern Menſchen zu gebrauchen. Wir nennen es hier das **Recht der menſchlichen Perſönlichkeit,** und dieſes Recht iſt der formale, reine Grund aller Rechte des Menſchen.

§. 179.

Dieſes Recht (178) hat der Menſch dadurch, daß er Menſch, und als ein Menſch eine Perſon iſt, ohne alle weitere Bedingung und Vorausſetzung; er kann es daher nicht erwerben, noch veräuſſern, oder ſonſt verlieren, weil und in ſo fern er Menſch, d. i. Perſon iſt.

§. 180.

Kein Menſch iſt alſo eine bloſſe Sache; keiner iſt alſo ohne Rechte; keiner darf beliebig als bloſſes Objekt der freyen Thätigkeit eines andern gebraucht werden; jeder iſt und handelt ſchlechthin für ſich ſelbſt; jeder darf ſein Recht nach allen Kräften ſchützen und vertheidigen.

§. 181.

Der Menſch iſt eine Perſon in der Erſcheinung oder ein Sinnenweſen, deſſen Perſönlichkeit sich durch gewisse, theils innere, theils äussere Erscheinungen offenbaret. Die Totalerscheinung des Menschen heißt die menschliche Natur.

§. 182.

Diejenigen Erscheinungen, ohne welche der Mensch schlechterdings nicht als Person erscheinen kann, machen seine Menschheit aus. Die Menschheit ist also das Wesentliche und Nothwendige der (181) menschlichen Natur.

§. 183.

Das Recht des Menschen als einer Person, in der nothwendigen Beziehung auf das Wesen der menschlichen Natur, ist — Recht der Menschheit.

§. 184.

Jedem Menschen kömmt also, als Menschen, das Recht der Menschheit zu.

§. 185.

Das Recht der Menschheit ist ein Recht als Person zu erscheinen, oder ein Recht auf diejenigen objektiven Bedingungen, ohne welche es für mich als Sinnenwesen überall keine möglichen Objekte der freyen persönlichen Thätigkeit, folglich auch keine freye persönliche Thätigkeit selbst gäbe; ohne welche ich also nicht als Person in der Sinnenwelt existiren könnte.

(Bey moralischen und rechtlichen Untersuchungen und Entscheidnngen darf die Unsterblichkeit der Seele, als ein Objekt des Glaubens, nicht der Einsicht, nicht vorausgesetzt werden.)

§. 186.

Um als Person in der Erscheinung thätig seyn zu können, bedarf ich gewisser Kräfte, die meiner Persönlichkeit untergeordnet sind, und zwar:

1) **Gemüthskräfte**, welche theils das Selbstbewußtseyn der Person, das Bewußtseyn von Gegenständen, von den Verhältnißen beyder zu einander, von Zwecken und von Mitteln, theils endlich die Setzung der Zwecke und den Gebrauch der Mittel überhaupt möglich machen.

2) **Materiele Kräfte**, ohne welche die Gemüthskräfte (aller Erfahrung gemäß) nicht würksam seyn, ohne welche keine Zwecke und Mittel vorgestellt, jene nicht verfolgt, diese nicht angewendet werden könnten. Ihr Inbegriff ist die **menschliche Natur**, ihre wesentliche Verbindung mit der Existenz einer Person ist die **Menschheit**.

§. 187.

Durch die Verbindung dieser Kräfte (186), welche ich zwar von mir selbst als Person unterscheiden muß, aber doch aller Erfahrung gemäß von mir selbst nicht trennen kann, ohne daß meine erkennbare Existenz als Person in der Sinnenwelt aufgehoben wird, bin ich **Mensch**, d. i. eine Person in der Erscheinung; durch die Unterordnung dieser Kräfte unter das Ich, als der ersten nothwendigen Objekte unter das Subjekt der Freyheit, existire ich als Person in der Sinnenwelt.

§. 188.

Ohne meine eigene mir selbst bewußte freye Thätigkeit (welche vielmehr, so viel ich einsehe, selbst erst dadurch möglich ist), d. i. durch die Natur sind diese Kräfte mit dem Ich verbunden, und dadurch existire ich als Mensch. Ohne sie könnte ich nicht als Mensch bestehen.

§. 189.

Diejenige zusammengesetzte Begebenheit, wodurch diese Verknüpfung der Kräfte zu einer menschlichen Person würklich wird, ist die Erzeugung und Geburt des Menschen.

§. 190.

Sobald ich mir meiner selbst als Person bewußt bin, so ist damit unzertrennlich verbunden der Wille, diese Kräfte, ohne welche ich nicht als Person erscheinen könnte, zu haben, d. h. sie als Objekte meiner Freyheit zu behandeln. Als Person in der Erscheinung zu existiren ist ein nothwendiger Zweck der Person; meine persönlichen Kräfte sind also ein nothwendiges Objekt meiner freyen persönlichen Thätigkeit.

§. 191.

Die Natur hat es durch die Einrichtung meines Gemüthes und durch die Organisation meines Leibes selbst möglich gemacht, daß der Wille diese Objekte der freyen Thätigkeit zu haben, sie mit sich zu verknüpfen und zu gebrauchen, an und für sich nicht mit dem auf das gleiche Objekt gerichteten Willen einer andern Person streitet. Jeder Mensch kann also seine Selbstständigkeit als Person in der Erscheinung behaupten, ohne daß es dadurch irgend einem unmöglich würde, Mensch zu seyn.

§. 192.

Da ich ohne diese zu meiner Menschheit gehörigen Kräfte nicht als Person erscheinen kann (186);

als Perſon aber nothwendig den Willen habe, als Perſon würkſam zu ſeyn und zu erſcheinen (190), und da dieſer Willenszweck keinesweges die Selbſtſtändigkeit einer andern Perſon (191) aufhebt: ſo iſt alſo der Gebrauch der Freyheit, ſo fern derſelbe auf den Zweck meiner Exiſtenz als Perſon gerichtet iſt, an und für ſich mit der allgemeinen gleichen Freyheit aller andern Menſchen vereinbar, folglich rechtmäßig.

§. 193.

Das Recht der Menſchheit iſt alſo das Recht Menſch zu ſeyn, d. h. ein Subjekt des Rechts in der Erſcheinung oder ein Weſen, welches durch Verbindung von Leib und Seele als Perſon erſcheinen kann; oder: ein Recht auf die natürlichen und mit der gleichen Exiſtenz anderer Menſchen nicht ſtreitende Bedingungen meiner Exiſtenz als Menſch d. i. meiner Erſcheinung als Perſon in der Sinnenwelt.

§. 194.

Der Menſch in der Anlage iſt für die Vernunft ſchon ein Menſch, ob er gleich noch nicht vollſtändig als Menſch erſcheint und würkt, und daher auch ſein Recht, Menſch zu ſeyn, noch nicht ſelbſt kennen und ausüben kann. Andere dürfen ſein Recht nicht verletzen, oder ſie machen ſich des Unrechts einer Beleidigung der Menſchheit ſchuldig, welche geahndet werden darf von jedem Menſchen; andere ſollen dieß Recht ſchützen, zu dieſem Schutz findet aber an und für ſich kein rechtlicher Zwang ſtatt.

§. 195.

Das Recht der Menſchheit kömmt alſo (194) ſelbſt Embryonen, Kindern, Blödſinnigen und Wahnsinnigen zu, in so fern an diesen Wesen nur nicht alle empirischen Kennzeichen der Menschheit und alle Bedingungen der Möglichkeit fehlen, jemals als Personen erscheinen und handeln zu können.

§. 196.
Es ist also äusserlich vollkommen Unrecht solche Wesen aus der Welt der Erscheinungen zu verdrängen, und ihre freye Würksamkeit als Personen in der Sinnenwelt unmöglich zu machen.

§. 197.
Das Recht der Menschheit ist, wie jedes Recht, ein **gleiches Recht aller Menschen**; folglich hat kein menschliches Wesen das äusserlich vollkommene Recht, als Mensch zu existiren, wenn seine menschliche Existenz die rechtliche Existenz eines andern Menschen schlechthin aufheben und zerstören müßte; folglich ist es nicht äusserlich vollkommen Unrecht, **seine eigene Existenz als Mensch gegen andere Menschen sowohl in der Anlage als in der würklichen Aeusserung der Menschheit, selbst mit Zerstörung ihres menschlichen Daseyns zu behaupten, und zu vertheidigen.**

§. 198.
Das Recht, Mensch zu seyn, ist die Rechtmäßigkeit des natürlichen, theils erworbenen theils hinzugekommenen, Besitzes meiner menschlichen Gemüths- und Leibeskräfte. Besitz ist derjenige Zustand, in welchem ich eine Sache ausschliessend gebrauchen kann und will. Ich bin ursprünglich der einzige rechtmäßige Besitzer meiner menschlichen Kräfte.

Vollständiger, unvollständiger; rechtmäßiger, unrechtmäßiger Besitz.

§. 199.

Eine Sache, deren ausschliessender Gebrauch äusserlich vollkommen rechtmäßig ist, ist ein Eigenthum. Meine Seelen- und Leibeskräfte sind also mein Eigenthum. Das Recht der Menschheit ist also ein Eigenthumsrecht auf alle meine Seelen- und Leibeskräfte.

Der formale Grund dieses Rechtes ist das Recht Person zu seyn; der materiale d. i. der Grund von der Anwendung des formalen Grundes, ist die Natureinrichtung, vermöge deren ich nicht als Person existiren könnte, wenn irgend ein anderer das Recht hätte, diese Kräfte willkührlich zu gebrauchen, und also auch allenfalls zu zerstören, der ausschliessende Gebrauch dieser Kräfte aber an und für sich die gleiche Freyheit und den gleichen Zweck anderer Menschen nicht aufhebt.

§. 200.

Folgerungen.

Kein anderer Mensch ist von Natur der Eigenthümer, keiner das Eigenthum des andern, d. h. keiner ist äusserlich vollkommen berechtiget, die Leibes- und Seelenkräfte des andern nach seiner Willkühr zu gebrauchen oder aufzuheben; keiner von Natur vollkommen verpflichtet, seine Leibes- und Seelenkräfte der Willkühr des andern zu unterwerfen, oder ihre Zerstörung oder Unterwerfung zu dulden; jeder ist vielmehr vollkommen berechtigt, dieses Eigenthum seiner menschlichen Natur mit aller erforderlichen Gewalt zu behaupten.

Kein Mensch kann demnach, als ein fremdes Eigenthum, von einem andern auf einen dritten — vererbt, vertauscht, verkauft, oder verschenkt werden.

(Eine gänzliche Veräusserung dieses Eigenthumsrechtes auf meine persönlichen Kräfte würde es mir unmöglich machen, als ein moralisches Wesen zu handeln; allein beschränkt kann dasselbe werden, mit meinem Willen.)

§. 201.

Was der einen Person recht ist, ist es für jede andere. Das Eigenthumsrecht eines Menschen auf seine Menschheit ist also **beschränkt durch das gleiche Eigenthumsrecht jedes andern Menschen**. Keinem Menschen kann von Natur ein Recht zukommen, wodurch es an und für sich für irgend einen andern Menschen unmöglich würde Mensch zu seyn.

(**Todesstrafen** sind daher rechtlich gedenkbar, als Bedingungen, daß andere Menschen nicht verhindert werden, Menschen zu seyn.)

§. 202.

Das Recht, Mensch zu seyn, enthält zwar das Recht, von andern zu fordern, daß keiner mich verhindere, Mensch zu seyn, aber nicht: daß irgend jemand meine Menschheit erhalte. Es findet daher auch **kein Zwangsrecht der Kinder auf Ernährung und Pflege** statt.

§. 203.

Das Recht, Mensch zu seyn, ist innerhalb seiner Gränze

1) in Absicht auf Gemüthskräfte **physisch unveräusserlich, verlaßbar, obgleich unübertragbar;**

in Abſicht auf Leibeskräfte aber veräuſſerlich, an andere verlaßbar und übertragbar an andere.

2) **moraliſch unveräuſſerlich im Ganzen**; denn ich ſoll als moraliſches Weſen (ich kann ohne innern Widerſpruch nicht) wollen, kein moraliſches Weſen ſeyn.

3) **juridiſch unveräuſſerlich im Ganzen**; denn es widerſtreitet aller Rechtsform d. i. ſich ſelbſt; durch einen rechtmäßigen Freyheitsgebrauch alle ſubjektive Materie des Rechts, alſo alles Recht überhaupt aufzuheben.

§. 204.

Aus dem Rechte Menſch zu ſeyn, oder dem Eigenthumsrechte auf meine menſchlichen Leibes- und Seelenkräfte, folgt das Recht, als Menſch zu handeln.

Das Recht als Menſch zu handeln, iſt das Recht der perſönlichen Freyheit eines vernünftigen Weſens, bezogen auf die, durch die menſchliche Natur urſprünglich beſtimmte Sphäre, worin ſich dieſe Freyheit ohne Verletzung der gleichen Freyheit anderer Menſchen würkſam beweiſen läßt.

§. 205.

Als Menſch bin ich mein eignes und keines anderen Menſchen Eigenthum; ich darf alſo von auſſen ungehindert ſelbſt handeln, d. h. Zweck und Mittel meiner Thätigkeit ſelbſt beſtimmen, und jedem Zwange widerſtehen, wodurch ein anderer die Richtung meiner Thätigkeit vorſchreiben oder verbieten, oder den Zweck und das Ziel meiner Thätigkeit feſtſetzen, oder die Art und Weiſe meiner Thätigkeit oder die Mittel zu einem gewiſſen Zweck beſtimmen, oder meine Thätigkeit innerhalb gewisser Gränzen einschränken will.

§. 206.

Meine **äussere Freyheit zu handeln**, die ich gegen jede Störung behaupten darf (205), ist also **gränzenlos**. Keiner hat das Recht, ihr ein Gesetz zu geben, d. h. Richtung und Größe, Zweck und Mittel derselben zu bestimmen als ich selbst. Kein Mensch, ausser mir, hat von Natur, d. h. ohne meine Einwilligung mir zu befehlen, daß ich thun soll, was ich nicht will, oder unterlassen soll, was ich thun will. Nur dazu kann mich jeder zwingen, daß ich seine gleiche, ebenfalls rechtmäßige Freyheit nicht beschränke; denn jeder andere Mensch ist von Natur eben so sein eigner Herr, wie ich der meinige.

§. 207.

Meine menschliche Thätigkeit ist theils eine **innere**, theils eine **äussere**, je nachdem ihre Würkung entweder in der Person selbst bleibt, oder ausser ihr auf andere Gegenstände herausgeht. In dem allgemeinen Rechte, als Mensch zu handeln, ist folglich enthalten:

1) **das Recht des Menschen frey zu denken und zu wollen**, überhaupt seine Thätigkeit auf seine eigene Person zu richten, und seine eigenen innern bestimmbaren Kräfte, (seine Sinnlichkeit, die innere Natur) selbst zu bestimmen oder nicht zu bestimmen, so oder anders zu bestimmen.

2) **das Recht äusserlich zu handeln**, d. i. die äussere Natur (die Objekte des äussern Sinnes) seinen eigenen Zwecken gemäß zu bestimmen und zu behandeln.

§. 208.

Das Recht auf blosse innere Thätigkeit ist die nothwendige Bedingung der Möglichkeit frey zu handeln; es ist daher im Ganzen

1) **juridisch unveräusserlich**, d. h. eine gänzliche Veräusserung dieses Rechts widerspricht dem Rechte schlechthin, indem dieselbe alle Möglichkeit des Rechtsgebrauchs, mithin auch selbst die rechtliche Möglichkeit der Veräusserung in einer Person aufhöbe. Es ist

2) **moralisch unveräusserlich**; denn das Sittengesetz fordert, daß ich ihm gemäß thätig, und also keinem andern Menschen schlechthin und durchaus unterwürfig seyn soll.

3) **physisch unveräusserlich**; denn kein Mensch kann mich direkt und absolute zwingen, daß ich innerlich thätig sey oder nicht sey, es so oder anders sey, wenn ich nicht will. (Allein ich kann zu gewissen äusserlichen Handlungen gezwungen werden, wobey eine bestimmte innere Thätigkeit nothwendig oder unmöglich ist.)

§. 209.

Zum Rechte der freyen innern Thätigkeit gehören:

1) **innere Denkfreyheit**, d. h. das äusserlich unabhängige Vermögen, meine Vorstellungskraft auf jeden beliebigen Gegenstand, auf jede beliebige Weise und in jedem beliebigen Grade zu richten, folglich auch **innere Glaubensfreyheit**, und das Recht mich aufzuklären oder alles dieses zu unterlassen und z. B. in der Dummheit zu beharren.

2) **innere Willensfreyheit** oder das äusserlich unabhängige Vermögen, meine Begehrungskräfte selbstthätig zu bestimmen, meine willkührlichen Entschliessungen beyzubehalten, oder sie zu verändern, folglich auch **innere Gewissensfreyheit und Religionsfreyheit.**

§. 210.

Die innere Thätigkeit meines Geistes und Willens ist theils durch **unwandelbare Vernunftgesetze** des Denkens und Wollens als nothwendig bestimmt, theils ist dieselbe **auf mancherley Weise bestimmbar ohne Verletzung der Menschheit.**

Die Selbstthätigkeit der Vernunft im Denken und Wollen nach ihrem eignen nothwendigen Gesetze darf ich durchaus nicht einschränken lassen, weil ich sonst meine Menschheit verläugnen würde. Dieses Recht ist also **moralisch absolut unbeschränkbar und unveräusserlich.** Allein meine Willkühr in Bezug auf dasjenige, was durch Vernunftgesetze nicht nothwendig bestimmt ist (zufällige Zwecke oder Mittel im subjektiven Sinne), darf zwar nicht durch fremde Willkühr beschränkt werden; ich selbst aber darf dieselbe einer fremden Willkühr soweit unterordnen, als es ohne Verletzung meiner Menschheit geschehen kann. Sie ist also **moralisch beschränkbar und veräusserlich.**

§. 211.

Innere Thätigkeit als solche, ohne Beziehung auf äussere Thätigkeit, ist physisch unveräusserlich; allein als nothwendige Bedingung einer bestimmten äussern Thätigkeit läßt sich dieselbe allerdings zum Theil veräussern und fremder Willkühr unterordnen.

§. 212.

Das Recht auf innere freye Thätigkeit als auf den Zweck schließt zugleich in sich das **moralisch unveräusserliche Recht auf die nothwendigen**, und das **veräusserliche Recht auf die zufälligen Mittel** für diesen Zweck. In so fern aber diese Mittel theils Personen, theils mit dem Willen dieser Personen verbundene Sachen seyn können, in so fern ist ein Recht auf diese Mittel durch das gleiche Recht anderer auf ihre persönliche Freyheit beschränkt.

§. 213.

Mein Recht äusserlich zu handeln gründet sich theils in dem Eigenthumsrechte auf meine körperlichen Kräfte, theils in dem Rechte die äussere unfreye vernunftlose Natur zum Objekt meiner Freyheit zu machen.

§. 214.

Dieses Recht ist der Beschränkung und der partialen Veräusserung fähig

1) **physisch**; denn äussere Handlungen können verhindert, oder erzwungen werden.

2) **moralisch**; denn meine Pflicht kann erfüllt werden, ohne daß jede meiner äusseren Handlungen unmittelbar von meiner Willkühr abhange.

3) **rechtlich**; denn eine äussere Handlung kann dem Rechte einer andern Person zu nahe treten, und darf alsdenn physisch verhindert werden; ein anderer kann sich auf ihre Ausübung oder Unterlassung mit meinem Willen ein Recht erwerben, und die-

ses Recht kann ebenfalls durch Zwang geltend gemacht werden.

§. 215.

Mein Recht auf äussere Handlungen **erstreckt sich daher soweit, als durch diese Handlung das Urrecht keines andern Menschen**, weder unmittelbar, noch in einem rechtlich erworbenen Rechte, verletzt wird; der Zweck (die Vollkommenheit oder der Vortheil) eines andern Menschen ist aber an und für sich keine einschränkende Bedingung meines Rechts, so fern nur die Regel, wornach ich handle, und diesen Zweck einschränke, ein Objekt meines freyen Willens ist, und seyn kann. (Qui jure utitur suo, neminem laedit.)

§. 216.

Eine absolute Veräusserung meines Rechtes auf äussere Handlungen ist nicht nur unmoralisch, sondern auch schlechthin rechtswidrig; weil eine freye Einwilligung in dieselbe praktisch unmöglich ist, und das Recht schlechthin aufheben würde.

§. 217.

Das Recht auf äussere Handlungen **schließt in sich** (in Rücksicht auf den Zweck) das Recht

1) **auf Realisirung meines nothwendigen vernünftigen Zwecks**

a) der Wahrheit, **äussere Denkfreyheit oder Lehr- und Lernfreyheit**, d. h. das Recht meine Gedanken zu äussern und die freywilligen Aeusserungen fremder Denkkraft zu benutzen (beydes ohne Verletzung des Rechts anderer. Folglich !1) darf ich andern meine Belehrung nicht aufdringen, 2) darf ich andern ihre Belehrung nicht abzuzwingen, z. B. durch Benutzung des Unterrichts, ohne die Bedingungen zu erfüllen, unter welchen jemand lehrt oder schreibt.)

b) der **Sittlichkeit**, **äussere Gewissensfreyheit**, d. h. das Recht, meine (gegründeten oder grundlosen) moralischen Ueberzeugungen thätig zu realisiren, und **äussere Religionsfreyheit**, d. i. das Recht, nach meiner (wahren oder falschen) religiösen Ueberzeugung meine religiöse Gesinnung zu üben, die Gottheit zu verehren, und ihre Verehrung bey andern zu befördern — so fern dadurch nur keines Menschen Recht verletzt wird.

2) auf **Realisirung meines sinnlichen Zwecks**, d. h. das Recht, selbst zu bestimmen, was ich zu meiner Glückseligkeit rechnen, und dieselbe durch jedes Mittel, welches mit dem gleichen Rechte anderer Menschen bestehen kann, zu bewürken.

§. 218.

In Absicht auf die Objekte, woran, und die Mittel, wodurch ich diese Zwecke (217) realisiren kann, enthält mein Recht auf Freyheit, äusserlich zu handeln

1) in Bezug auf **Sachen**; das **Zueignungsrecht** jeder bloßen äussern Sache, welche keines andern Eigenthum ist.

    a) für den **unmittelbaren Gebrauch**;
    b) zum **Besitz** für den künftigen beliebigen Gebrauch.

2) in Bezug auf **Personen**

G

a) das negative Recht, von keinem andern Menschen in dem rechtmäßigen Gebrauche meines Rechts gestört zu werden und mich gegen fremde Angriffe auf mein Recht durch Zwang zu vertheidigen; das Recht der Selbstvertheidigung oder Kriegsrecht.

b) das positive Recht, mich mit andern Personen zu Beförderung ihrer oder meiner eigenen beliebigen Zwecke mit ihrer Einwilligung zu vereinigen oder nicht zu vereinigen, Verträge zu schliessen, oder nicht zu schliessen, mir persönliche Rechte zu erwerben, oder nicht zu erwerben, Rechte an andere Personen zu veräussern, oder nicht zu veräussern. *)

§. 219.

Alle diese Rechte sind im Ganzen moralisch und rechtlich unveräusserlich, weil durch ihre gänzliche Veräusserung es unmöglich würde, als moralische Wesen thätig zu seyn und sich als berechtigte Wesen in der Sinnenwelt zu behaupten; ihre partiale Veräusserung aber widerspricht weder der Natur noch der Moralität, noch der Rechtsform schlechthin. Nicht jede Veräusserung und Be-

---

*) Das Zueignungsrecht, das Selbstvertheidigungsrecht, und das Recht Verträge zu schliessen, sind die drey möglichen Modificationen meines Rechtes auf äussere Thätigkeit, in Rücksicht auf die Objekte derselben. Das Recht auf Wahrheit, Sittlichkeit und Glückseligkeit sind die drey möglichen Beziehungen desselben auf einen menschlichen Zweck.

ſchränkung dieſer Rechte (z. B. der Wiß- und Lehr-
begierde, der äuſſern Gewiſſens- und Religionsfreyheit in Bezug auf unvollkommene Pflichten, des
Strebens nach Lebensgenuß) iſt alſo widerrechtlich
und an ſich nichtig.

§. 220.

Diejenigen Rechte, welche dem Menſchen als
Menſchen, ohne alle vorhergehende freye Thätigkeit zukommen, nennen wir abſolute oder urſprüngli-
che Menſchenrechte. Als Menſch bin ich ein
freyes, vernünftig ſinnliches, äuſſerlich erſcheinendes
Weſen. Die Menſchenrechte ſind alſo theils Rechte
der Menſchheit, d. h. als freye vernünftige Weſen zu exiſtiren und thätig zu ſeyn, theils Rechte
der Menſchlichkeit, als ſinnliche Weſen zu
exiſtiren, und für ſinnliche Zwecke zu würken.

Die Rechte der Menſchheit als ſolche, d. h. ſo
fern ohne ſie der weſentliche Zweck der Menſchheit
ſchlechthin unerreichbar iſt, ſind moraliſch unveräuſſerlich; auſſerdem ſind ſie moraliſch veräuſſerlich. Ein
moraliſch ſchlechthin unveräuſſerliches Recht, welches
als ſolches äuſſerlich erkannt werden kann, und
deſſen Veräuſſerung alle Möglichkeit des Rechtsge-
brauches, mithin auch die Veräuſſerung ſelbſt unmöglich machen würde — iſt auch juridiſch unveräuſſerlich; im entgegengeſetzten Falle iſt es rechtlich veräuſſerlich.

Die Rechte der Menſchlichkeit als ſolche, d. h.
ſo fern ihr Zweck die Glückſeligkeit nicht als Bedingung der Möglichkeit, moraliſche Zwecke zu reali-
ſiren, vorgeſtellt wird, ſind moraliſch und juridiſch
veräuſſerlich.

§. 221.

Die ursprünglichen Menschenrechte (220) sind

1) Urrechte; denn sie beruhen auf dem obersten formalen und materialen Rechtsgrunde unmittelbar: Der Mensch ist eine Person.

2) alle andere menschliche Rechte sind davon abgeleitet, und dem Menschenrechte subordinirt; denn es gäbe kein erworbenes Recht, ohne ein Recht, Rechte zu erwerben, und ein jedes, folglich auch das erworbene, Recht mit Zwang zu vertheidigen.

3) die Menschenrechte sind entstandene, und zwar durch Natur entstandene, d. h. gegebene, theils angebohrne, theils zugewachsene, d. i. von der natürlichen Entwickelung der menschlichen Kräfte und Triebe abhängige Rechte.

4) Menschenrechte als solche können weder durch Occupation, noch durch Annahme von andern erworben werden.

5) der Tod eines Menschen hebt alle seine Menschenrechte für die äussere Sinnenwelt gänzlich auf.

6) die Menschenrechte können zum Theil verlohren werden, wenn ein Theil der menschlichen Kraft durch die Macht der Natur zerstört wird, und aufhört, Menschenkraft zu seyn.

7) so wie eine Kraft der Natur meine Kraft wird: so wird diese Kraft der Natur ohne weitere Bedingung ein Objekt meines Menschenrechts. Dieß geschieht theils durch den Einfluß der Natur, theils durch die Erwerbung vermittelst der Occupation von Sachen, oder der Annahme persönlicher Rechte von andern.

8) Die Menschenrechte, d. i. die Sphäre, worin ein Mensch seine Persönlichkeit gebrauchen darf, sind also **veränderlich**, sie nehmen ab und zu, sie **entstehen und vergehen**.

9) ich kann freywillig meine Menschenkraft zerstören, mein persönliches Daseyn in der Sinnenwelt ganz, oder zum Theil aufheben, auf meine persönliche Freyheit ganz oder zum Theil Verzicht leisten, mich der Natur oder fremder Willkühr preis geben; also meine Menschenrechte veräussern, sie entweder blos verlassen, oder auf andere — mit oder ohne Bedingung — übertragen, welche sie annehmen. Unter gewissen Einschränkungen ist dieß auch moralisch erlaubt und juridisch möglich. Die Menschenrechte sind also weder **schlechthin unverlierbar**, noch **schlechthin unverläßlich und unveräusserlich**.

10) die Menschenkräfte sind von Natur bey verschiedenen Menschen verschieden; die Sphäre der ursprünglichen Menschenrechte ist also **ungleich**. Endlich

11) das Daseyn der Menschheit und ihrer Kräfte, d. i. die materiale Bedingung des Menschenrechtes überhaupt oder der rechtlichen Anwendbarkeit desselben auf einen gegebenen Fall, ist ein Faktum der Erfahrung, und in dieser Rücksicht kann ein Menschenrecht auch zuweilen **zweifelhaft** seyn.

§. 222.

Eine Handlung, wodurch die persönliche Existenz eines andern Menschen widerrechtlich, d. h. ohne daß es ein nothwendiges Mittel zu Behauptung eines angegriffenen Menschenrechtes wäre, eingeschränkt wird, ist eine äussere Verletzung oder Beleidigung der Menschenrechte. Sie ist entweder Beleidigung der Menschheit oder der Menschlichkeit.

Die möglichen Arten derselben sind: Tödtung, Verstümmelung, Zerstörnng derjenigen Bedingungen, ohne welche keine freye vernünftige Thätigkeit möglich ist, willkührlicher Gebrauch fremder Leibeskräfte, willkührliche Bestimmung fremder Seelenkräfte, innerer oder äusserer Zwang der Denkkraft und des Gewissens, aufgedrungene Sorge für fremde Glückseligkeit, oder absichtliche Störung derselben, willkührliche Hinderung des andern an dem Gebrauche des Zueignungsrechtes, Vertheidigungsrechtes, oder des Rechtes Verträge zu schliessen. Mittelbarer Weise ist jede Verletzung eines menschlichen Rechtes zugleich eine Verletzung der absoluten Menschenrechte.

§. 223.

Vorzüglich aber nennen wir Beleidigung der Menschheit eine solche widerrechtliche Handlung, wodurch die persönliche Existenz oder die freye Thätigkeit eines Menschen, folglich alle Möglichkeit des Gebrauchs von einem Menschenrechte, überhaupt gänzlich und schlechthin aufgehoben wird.

§. 224.

Da aller Freyheitsgebrauch nur in so fern rechtmäßig ist, als er mit dem allgemeinen Freyheitsgebrauche nach einer allgemeinen Regel übereinstimmt: so ist jeder Gebrauch der Menschenkraft zur Verletzung anderer widerrechtlich, und darf also mit Gewalt verhindert werden. Die Materie der

Menschenrechte ist also nicht schlechthin rechtlich unverletzbar. Wenn ein Mensch nur durch gänzliche oder partiele Zerstörung der Menschenkraft, oder durch eine totale oder partiele Hemmung ihrer freyen Würksamkeit, von der Beleidigung fremder Menschenrechte abgehalten werden kann, so geschieht ihm dadurch kein äusseres vollkommenes Unrecht, und weder er noch ein dritter hat das vollkommene äussere Recht, diese Art der Selbstvertheidigung mit Gewalt zu verhindern. (Hieraus ist die Rechtmäßigkeit der Todesstrafen, der Verstümmelung, der Gefängnißstrafe u. s. f. zu beurtheilen.)

Hypothetisches Naturrecht.

§. 225.

Die bedingten, von einer besondern Thatsache abhängigen, menschlichen Rechte beruhen ihrer Möglichkeit nach auf dem Princip des absoluten Naturrechts, ihrer Würklichkeit nach auf der freyen Thätigkeit, durch welche das ursprüngliche Menschenrecht modificirt wird.

Allgemeines hypothetisches Naturrecht.

§. 226.

Princip des hypothetischen Naturrechts. Die ursprünglichen Rechte werden modificirt, und es entstehen also neue (erworbene) Rechte durch eine jede Thatsache, unter deren Voraussetzung der Mensch nicht als Person bestehen und freye Thätigkeit üben könnte, wenn ihm diese Rechte nicht zukämen.

§. 227.

Die Handlung, wodurch ein neues Recht entsteht (226), bezieht sich entweder auf eine bloße Sache, und heißt Zueignung, oder auf ein anderes freyes Wesen, und heißt Annahme eines Rechts, Erwerbung durch Vertrag. Dieß sind die beyden möglichen Erwerbungsarten eines bedingten Rechtes.

Von Zueignung und Eigenthum.

§. 228.

Ich eigne mir eine Sache zu durch eine rechtmäßige Handlung, zufolge welcher ein fremder willkührlicher (von meiner Einwilligung unabhängiger) Gebrauch derselben Sache eine Einschränkung meiner persönlichen Freyheit und mithin widerrechtlich seyn würde.

§. 229.

Die Bedingungen einer rechtlichen Zueignung sind folgende:

1) die Sache muß bloße Sache seyn; denn Personen darf ich nicht zu bloßen Objekten meiner Willkühr machen.

2) sie muß herrenlos (res nullius) seyn, d. h. sie darf weder zu dem natürlichen noch zu dem erworbenen Eigenthum eines andern gehören; denn sonst dürfte ich diese Sache nicht nach meiner Willkühr behandeln, und ein Recht, zugeeignete Sachen mir zuzueignen, würde sich selbst aufheben.

3) meine Handlung muß das Objekt zum ausschliessenden Mittel für meine Zwecke, und also ent-

weder dieses Objekt selbst oder sein Verhältniß zu mir bestimmen.

Im ersten Falle heißt dieselbe **Formation** oder **Specification** d. i. eine Handlung, wodurch ich in einer Materie gewisse Bestimmungen hervorbringe, vermittelst deren sie geschickt wird, ein Mittel für meinen Zweck zu seyn. Im andern Falle heißt diese Handlung **Occupation**, **Besitzergreifung**, d. i. ich bringe eine Sache in eine solche Verbindung mit mir, (entweder unmittelbar, oder mit meinen Sachen) vermittelst deren sie meine Zwecke befördern kann.

4) Diese Handlung muß mit dem **Willen** verbunden seyn, diese Sache **ausschliessend** zu gebrauchen, oder doch einen gewissen Gebrauch derselben ausschliessend zu behaupten. (Volenti non fit injuria. Daher giebt es ein **beschränktes** und ein **unbeschränktes Eigenthum.**)

5) dieser Wille muß durch natürliche oder künstliche **Zeichen** erklärt seyn.

6) es muß daher ein jeder oder doch ein bestimmter Gebrauch, den ein anderer von derselben Sache ohne meine Einwilligung machen wollte, die Würkung der freyen Thätigkeit des Eigenthümers für diesen Eigenthümer zerstören, welches ohne Verletzung der persönlichen Freyheit nicht geschehen kann.

§. 230.

Von der rechtlichen Zueignung (229) unterscheidet sich die Formation oder Occupation einer schon zugeeigneten Sache, woraus ein **unrechtmäßiger**, und, wenn das Eigenthum des anderen bekannt ist, ein **unredlicher Besitz** entsteht.

§. 231.

Das **Eigenthumsrecht**, d. i. dasjenige Recht, welches durch Zueignung entsteht, befaßt
1) das *jus dispositionis*
   a) über die Sache selbst,
   b) über die Früchte derselben, d. i. Eigenthumsnießbrauch, *usus fructus causalis*.
2) die Proprietät, d. i. das Recht, andere von dem Gebrauche meines Eigenthums auszuschliessen.

§. 232.

Das **Eigenthumsrecht** ist
1) abgeleitet, also
2) nicht angebohren, sondern erworben,
3) von dem ursprünglichen Menschenrechte abhängig, und daher allen Veränderungen desselben, dem Entstehen und Vergehen, der Abnahme und Zunahme, unter denselben Bedingungen der Natur und der Freyheit unterworfen;
4) bey verschiedenen Menschen verschieden, und also der Materie nach ungleich;
5) in concreto öfters zweifelhaft.

§. 233.

Das Eigenthum kann
1) mehrern Menschen zugleich zukommen; Miteigenthum.
2) durch andere Personen ausgeübt werden; daher unterscheidet man den Mentalbesitz und den körperlichen Besitz.
3) aufhören, ganz oder zum Theil
   a) durch die Natur. Diese kann

  α) entweder den Eigenthümer zerstören —
   Tod*)
  β) oder die eigenthümliche Sache, als solche, zerstören, d. h. entweder ihre Form, oder ihre Verbindung mit dem Eigenthümer — Untergang der Sache, oder Verlurst der Sache; Aufhören aller Würkung meiner Thätigkeit auf dieselbe.
 b) durch Freyheit
  α) durch Dereliction,
  β) durch gänzliche oder partiele Cession an andere Menschen.
4) **es hört aber nicht auf**
 a) durch die redliche Occupation eines andern; noch
 b) durch langwierigen Nichtbesitz oder Nichtgebrauch desselben, Verjährung; noch
 c) durch den Nutzen, welchen ein anderer sich von dem **unschädlichen** Gebrauch**) meines Eigenthums verschaffen, oder durch die grosse Noth, welcher er durch einen Eingriff in dieselbe abhelfen könnte, oder durch den Schaden, welcher aus dem un-

---

*) Auf die Sachen eines Verstorbenen (so weit sie dessen Eigenthum waren) hat jeder lebende Mensch ein Zueignungsrecht, keiner aber an und für sich ein Eigenthumsrecht, weder als Intestaterbe, wegen der Verwandschaft, noch zufolge eines Testaments.

**) Die Regel der positiven Juristen: Quod tibi non nocet, alteri prodest, ad id obligatus es — ist also kein Gesetz des Rechts, sondern eine blosse Regel der Billigkeit.

beschränkten Gebrauche meines Eigenthumsrechtes für einen andern entspringen dürfte.

5) der Zunahme fähig durch die Natur. Wenn nemlich diese eine herrenlose Sache mit der von mir zugeeigneten (formirten oder occupirten) Sache so verbindet, daß kein anderer ausser mir diese Sache willkührlich gebrauchen könnte, ohne mein Eigenthum zu verletzten, d. i. meine Thätigkeit ihrer Würkung nach zu zerstören, oder sie ihrem Zwecke nach für sich zu verwenden: so geht sie in mein Eigenthum über. Dieß heißt Accession. (Ist aber die mit meinem Eigenthum durch die Natur verbundene Sache nicht herrenlos, und läßt sie sich von meinem Eigenthum rechtlich, d. i. ohne Verletzung meines Eigenthumsrechts trennen: so darf sich der vorige Eigenthümer dieselbe mit Gewalt zueignen. Ist sie aber herrenlos, und von meinem Eigenthume rechtlich abtrennbar, so bleibt sie auch herrenlos, und gehört jedem, welcher sich dieselbe durch Occupation oder Formation zueignet.)

§. 234.

Eine Verletzung des Eigenthumsrechts (231) ist entweder eine Hinderung des Eigenthümers an der freyen, willkührlichen Thätigkeit, womit er sein Eigenthum zu behandeln und zu benutzen sucht (Eingriff in das jus dispositionis), oder Zerstörung von der Würkung seiner Thätigkeit (Verletzung des usus fructus), oder endlich Verwendung der Früchte seiner Thätigkeit für sich oder für einen dritten (Verletzung der Proprietät). Sie ist jederzeit eine Verletzung der ursprünglichen Menschenrechte und zuweilen sogar eine Beleidigung der Menschheit.

§. 235.

Ich darf mein ganzes Eigenthum gegen einen jeden Menschen, der es widerrechtlich verletzt, durch ein jedes Mittel schützen, welches mir zu diesem Zwecke nothwendig scheint; ich darf dasselbe mit allen eingebüßten Früchten zurückfordern; ich darf die zweckmäßige Thätigkeit, welche der unrechtmäßige und zugleich unredliche Besitzer auf mein Eigenthum gewendet hat, als eine bloße Einwirkung der Natur (Accessio) ansehen, und ihre Früchte ohne allen Ersatz mir zueignen; allein von der Thätigkeit des redlichen, obgleich unrechtmäßigen Besitzers darf ich mir die Früchte nicht gewaltsam zueignen, wofern ich anders bey Abtrennung derselben von meinem Eigenthum mein Eigenthumsrecht behaupten kann.

Von Annahme der Rechte, und von Verträgen.

§. 236.

Zueignen darf ich mir nur bloße, herrenlose Sachen; aber kein Objekt des ausschliessenden Rechtes, welches ein anderer Mensch hat, auf seine Menschenkraft, oder auf sein erworbenes Eigenthum und auf den freyen Gebrauch derselben in Handlungen.

Soll also ein positives Recht einer Person auf eine andere Person, auf ihr Eigenthum oder auf ihre Handlungen entstehen: so wird dazu etwas anders, als die bloße freye Zueignung (Occupation oder Formation) erfordert, wodurch mein Freyheitsgebrauch mit dem Freyheitsgebrauche dieser andern Person vereinbar wird. Dieses ist die Einwilligung des andern in meinen auf ihn gerichteten Freyheits-gebrauch).

In Bezug auf Personen darf ich folglich, ohne deren Einwilligung, keine Handlung ausüben, wodurch ich ein neues Recht erwerbe; mithin findet hier keine Zueignung, sondern nur die **Annahme eines Rechtes** statt, welche von Seiten des andern ein freyes Geben desselben voraussetzt. Das freye Geben und Annehmen eines Rechts heißt ein **rechtlicher Vertrag**. Rechte können also von Personen erworben werden nur vermittelst eines Vertrags.

§. 237.

Ein Recht wird von einer Person A auf die andere Person B übergetragen durch den Willen

1) der Person A, dieses bestimmte Recht, welches ihr ausschliessend zukömmt, der Person B zu geben.

2) der Person B, eben dieses Recht von der Person A anzunehmen. Dieser Wille zwener (physischer oder moralischer) Personen und die wechselseitige Beziehung desselben auf einander heißt *Consensus*. Aeussern rechtlichen Effekt kann dieser Wille nur haben, in so fern er erklärt ist. Die Willenserklärung in Bezug auf einen Gegenstand des Rechts, welches man an einen andern abtreten will, heißt **rechtliches Versprechen**. Die Willenserklärung des andern heißt **Acceptation**. Das persönliche Subjekt des Versprechens heißt der **Promittent**; das persönliche Objekt des Versprechens und zugleich Subjekt der Acceptation heißt der **Promissar**. Beyde Personen heissen **Paciscenten**. — — Pollicitation, moralisches Versprechen, Traktaten, Leistung. —

Principien des Rechts in Bezug auf Verträge.

§. 238.

Jeder Mensch hat ein äusseres vollkommenes Recht, jedes seiner Rechte zu gebrauchen, oder nicht zu gebrauchen, oder anders zu gebrauchen wie er will; folglich kann er sie ohne äussere Ungerechtigkeit, ganz oder zum Theil, mit oder ohne Bedingung, an andere übertragen.

Jeder hat ein Recht zu einem jeden äussern Freyheitsgebrauche in Bezug auf jedes Objekt, wofern nur der allgemeine Freyheitsgebrauch damit besteht; folglich auch ein Recht, Rechte von einem andern anzunehmen, welche dieser ihm geben will (Volenti non fit injuria.)

§. 239.

Der Wille eines jeden Menschen ist rechtlich frey; kein Mensch darf also gezwungen werden eines seiner Rechte an einen andern abzutreten; kein Mensch darf also dem andern ein Recht mit Gewalt aufzwingen; keiner hat ein Recht an den andern übergetragen, welches dieser nicht angenommen, und die Annahme erklärt hat. Ein Versprechen hat also keine rechtliche Gültigkeit, wenn der andere es nicht acceptirt, d. i. die Annahme desselben erklärt hat.

§. 240.

Jeder Mensch darf seinen Willen ändern, darf eine Willenserklärung aufheben und eine andere geben, wofern er dadurch keines andern ursprüngliches Menschenrecht weder unmittelbar noch mittelbar d. h. in dem erworbenen Rechte des andern, in seinem Eigenthumsrechte oder angenommenen Rechte, verletzt.

§. 241.

Ein Gebrauch des Rechts, welcher allen Rechtsgebrauch unmöglich macht, und wodurch ein Mensch gänzlich aufhören würde, ein Subjekt des Rechts zu seyn, ist physisch, und folglich auch praktisch und juridisch unmöglich. Kein Mensch kann also seine freye Willkühr überhaupt, d. h. sein Recht als den Grund aller seiner Rechte, veräussern, und an einen andern Menschen übertragen.

§. 242.

Ich habe kein Recht, einen Andern zu bestimmen, daß dieser wider seinen Willen etwas thue oder unterlasse, oder zu machen, daß er eine Handlung auf einen gewissen Zweck richte, welchen Zweck ich unmöglich machte. Durch einen jeden Vertrag wird aber der Promissar bestimmt etwas zu thun oder zu unterlassen, was er ohne Voraussetzung der rechtlichen Gültigkeit des Vertrags nicht thun wollte, sollte dieß auch die blosse Willenserklärung der Annahme jenes Versprechens seyn. Folglich ist ein lügenhafter Vertrag, d. h. eine von einem andern acceptirte Erklärung des Willens gegen den andern, welche eine gewisse Leistung für diesen andern betrifft, ohne würkliche Leistung widerrechtlich. Gegen jede Verletzung meines Rechts findet Zwang statt; folgeich habe ich als Promissar das Recht, den Promittenten zur Leistung zu zwingen.

(Pacta sunt servanda — ist also nicht nur ein Pflichtsatz, sondern auch ein änsserer vollkommener Rechtssatz.)

§. 243.

Ich habe ein äusseres vollkommenes Recht auf die Leistung des andern, wenn ein Vertrag des andern mit mir würklich existirt. Dieß setzt aber die rechtliche Möglichkeit desselben voraus. Ein Vertrag ist möglich

1) zwischen 2 Personen,

2) die ihre Freyheit gebrauchen können,

3) die der Beurtheilung des Objekts ihrer Rechte nicht gänzlich unfähig sind,

4) In Bezug auf ihre eignen Rechte, so fern sie es sind,

5) wenn die Willenserklärung von Seiten beyder Paciscenten möglich ist,

6) wenn das Recht physisch veräusserlich und übertragbar ist. Allein die moralische Veräusserlichkeit eines Rechts, die Unschädlichkeit oder Nützlichkeit der Veräusserung, Uebertragung oder Annahme desselben für die Paciscenten oder für einen Dritten, ist zur juridischen Möglichkeit des Vertrages nicht schlechthin erfoderlich.

§. 244.

Zur Würklichkeit des Vertrags gehört
1) eine Willenserklärung des Promittenten, sie geschehe durch Worte oder Handlungen, woraus der Promissar gewiß und bestimmt erkennen kann, welches Recht, und unter welcher Bedingung der Promittent dasselbe aufgiebt. Anerbietung eines Rechts.

2) eine gewisse und bestimmte Willenserklärung des Promissars, ein bestimmtes Recht unter bestimmten Bedingungen anzunehmen, welches der

Promittent unter dieser Voraussetzung aufgiebt.
Annahme eines Rechts.

§. 245.

Die Annahme eines Rechts (244. Num. 2) oder die Willenserklärung des Promissars in Bezug auf die Willenserklärung des Promittenten, ist diejenige Handlung, wodurch das würkliche Recht des Annehmenden entsteht. Denn da diese Handlung an sich rechtmäßig, folglich der mögliche Grund eines rechtmäßigen Erwerbs ist, so würde die willkührliche Nichtleistung des Versprochenen eine willkührliche Vernichtung des rechtmäßigen Zweckes von einer rechtmäßigen Handlung des Promissars, folglich eine Verletzung seiner persönlichen Freyheit d. i. Unrecht seyn.

§. 246.

Der bloße, aber nicht erklärte Wille, eine einseitige, oder eine ungewisse und unbestimmte Willenserklärung bringt kein Vertragsrecht hervor.

Eine Willenserklärung ohne möglichen Willen, d. h. eine solche, welche durch bloße, unwiderstehliche physische Kraft hervorgebracht worden, und welche von dem Promissar selbst nicht als Erklärung von dem würklichen Willen des Promittenten angesehen werden kann, ist nichtig und gilt für kein juridisches Versprechen.

Ausserdem kann der würkliche Wille des Promittenten bey seiner Erklärung fehlen (wenn z. B. dieser den andern durch sein Versprechen täuschen will) ohne daß dieses Nichtwollen die juridische Giltigkeit seiner Willenserklärung aufhebt; denn sie ist ein rechtlicher Grund von der Handlung dessen, welcher das abgetretene Recht an sich nimmt.

Ist die Willenserklärung durch eine gesetzwidrige, obgleich nicht unwiderstehliche, physische Gewalt abgenöthigt worden: so ist dieselbe juridisch ungiltig; denn es wäre widersprechend, anzunehmen, daß sich jemand durch ausgeübtes Unrecht ein Recht erwerben könne. (Moralisch kann ein solches Versprechen verbindlich seyn; denn ich sollte mich nicht zwingen lassen.)

Ist sie durch Betrug erschlichen: so hat sie weder moralische noch juridische Giltigkeit.

Ist aber auch ein physisches Uebel, dem der Promittent durch sein Versprechen entgehen will, oder ein Irrthum, welchen der Promissar nicht verursacht hat, oder ein als Gegenwehr rechtmäßiger Zwang, welchen der Promissar anwandte, die Ursache — wenigstens conditio sine qua non — meiner Willenserklärung: so hebt dieß die rechtliche Giltigkeit meines Versprechens nicht auf.

Eine blos präsumirte, nicht ausdrücklich oder stillschweigend erklärte, Einwilligung bestimmt keinen Vertrag, wofern diese Präsumtion nicht anerkannt und der Vertrag durch Worte oder Handlungen ratihabirt worden ist.

§. 247.

Die Verträge können sich auf alle, sowohl natürliche (ursprüngliche oder entstandene) als erworbene (durch Occupation, Formation und Annahme erlangte) Rechte beziehen, so fern ihre Veräusserung und Uebertragung physisch und juridisch möglich ist.

Diese Rechte können Realrechte seyn z. B. totales oder partieles Eigenthum, oder auch Personalrechte, d. h. Rechte auf Handlungen (Thun und Leiden) des Promittenten für Zwecke des Promissars.

Die **Willenserklärung** ist entweder ausdrücklich oder stillschweigend; sie muß aber von beyden Seiten möglich würklich und gewiß seyn.

§. 248.

Der Vertrag kann **unbedingt** oder **bedingt** geschlossen, die Bedingung kann ausdrücklich oder stillschweigend erklärt, sie kann in Absicht auf ihre Erfüllung zufällig oder nicht zufällig, oder gemischt, suspensiv oder resolutiv seyn. Ist die Bedingung eine gegenseitige Leistung: so heißt der Vertrag **wechselseitig, ausserdem einseitig.**

§. 249.

In Absicht auf die Leistung*) sind die Verträge
1) **Realcontrakte,** wo die Leistung nicht nur versprochen wird, sondern auch zugleich geschieht.
   a) *de praesenti,* wo die Leistung einseitig und unbedingt vollständig ist.
   b) *de futuro,* wo die Leistung einseitig geschieht, unter der Bedingung einer zukünftigen Gegenleistung.
2) **Consensualcontrakte,** wo die Leistung von beyden Seiten nur versprochen wird, aber nicht sogleich geschieht.

---

*) Diese Eintheilung ist nicht nur logisch wahr, sondern auch praktisch wichtig. In Ermangelung bestimmter Terminologien für die Bezeichnung derselben, wurden Ausdrücke aus der positiven Jurisprudenz entlehnt, die an sich dieser Bestimmung anpassen, ob sie gleich in dem positiven z. B. römischen Rechte durch einige andere Merkmale schon bestimmt sind.

§. 250.

Da die juridische Gültigkeit der Verträge schon durch die würkliche Annahme eines würklichen Versprechens vollständig begründet wird (248) so dürfen Contrakte, mit oder ohne Leistung, auf gleiche Weise durch Zwang geltend gemacht; der reale Promittent darf zur fortdauernden Leistung d. i. zur Nichtzurücknahme des übertragenen Rechtes; der Repromittent zur Erfüllung des Versprechens der Gegenleistung, und der bloße Promittent zur versprochenen künftigen Leistung gezwungen werden.

§. 251.

Beyde Paciscenten können einmüthig jeden, geschlossenen oder auch vollzogenen, Vertrag aufheben. Denn jeder hat das Recht seinen Willen und die Erklärung desselben zu ändern, (240) so weit es ohne Verletzung eines fremden Rechtes geschehen kann. Das Recht des andern wird aber wirklich nicht verletzt, wenn er selbst in diese Aenderung einwilliget.

§. 252.

Einseitig, d. i. ohne Einwilligung des andern, kann kein Promittent den, vollzogenen oder auch nur geschlossenen, Vertrag aufheben und die Leistung entweder zurückfordern oder unterlassen, ohne daß der Promissar dadurch in seinem rechtmäßigen Freyheitsgebrauche gestört, d. h. an der Erreichung eines rechtmäßigen Zweckes, worauf seine Handlung der Annahme eines Rechts von dem Promittenten gerichtet war, durch diesen willkührlich verhindert, mithin an seinem Menschenrechte, verletzt wird. Bey wirklich erfolgter Leistung ist diese Verletzung nur material beträchtlicher.

§. 253.

Der an seinem Menschenrechte gekränkte **Promissar darf** dieser Kränkung so viel **Zwang entgegensetzen,** als er selbst, als Richter in seiner eigenen Sache, nöthig findet, um sich in sein Recht wieder einzusetzen, d. h. entweder bestimmte **Leistung** oder **Schadenersatz** dafür zu erhalten. Wenn beydes physisch möglich ist; so hängt es von dem berechtigten Promissar einzig und allein ab, ob er die erstere oder den letztern fordern und annehmen will, so wie es auch lediglich von ihm abhängt, die Beschaffenheit und Größe des Ersatzes zu bestimmen. (Was innere Pflicht und äussere Billigkeit nicht verstatten, das kann hier gleichwohl mit dem äussern vollkommenen Rechte bestehen.)

§. 254.

Das Vertragsrecht selbst kann, wie jedes andere erworbene Recht,

1) **mehrern Personen zugleich zukommen,**
2) **durch andere ausgeübt werden,**
3) **aufhören,** ganz oder zum Theil,
   a) durch den Tod des Promittenten,
   b) durch Untergang der Sache, oder das Eintreten solcher Umstände, welche die Leistung sowohl als den Ersatz physisch unmöglich machen,
   c) durch beyderseitige Einwilligung der Paciscenten; aber keinesweges durch bloße Schwierigkeit oder große Schädlichkeit der Leistung, oder durch einseitige Zurücknahme.

§. 255.
Allgemeine Eigenschaften der Vertragsrechte.

Auch das Vertragsrecht ist 1) abgeleitet, 2) erworben, 3) den Veränderungen unterworfen, welche das Urrecht modificiren'; (auch hier findet eine Accession statt unter den oben §. 233. angezeigten Bedingungen) 4) der Veräusserung, Verlassung und Uebertragung fähig, 5) ungleich, und 6) öfters zweifelhaft.

§. 256.
Verletzt wird das Vertragsrecht, durch jede willführliche Nichtleistung des Versprochenen unter den paciscirten Bedingungen, oder durch Zurücknahme der schon geschehenen Leistung. Der von dem Promittenten selbst einseitig und willführlich bestimmte Schadenersatz hebt die Verletzung von dem Vertragsrecht des Promissars nicht auf. — Sie ist jederzeit eine Verletzung seines ursprünglichen Menschenrechts auf Selbstbestimmung rechtmäßiger Zwecke für rechtmäßige Handlungen. — Der juridisch redliche Paciscent kann daher den andern zu der versprochenen Leistung oder zum selbst bestimmten Schadenersatz mit aller erforderlichen Gewalt zwingen.

Besonderes hypothetisches Naturrecht.

§. 257.
Durch einen wechselseitigen Vertrag können sich Menschen einander gegenseitig zu verschiedenen Zwecken, oder auch zu einem gemeinschaft-

lichen Zwecke rechtlich verpflichten. Im letztern Falle entsteht eine Gesellschaft (*Societas*) d. h. eine wechselseitige äusserlich vollkommene Berechtigung und Verpflichtung mehrerer Menschen, in Bezug auf einen gemeinschaftlichen Zweck.

§. 258.

Das rechtliche Daseyn und die rechtliche Beschaffenheit der Gesellschaft wird durch den Gesellschaftsvertrag (*pactum sociale*) rechtlich bestimmt, welcher in verschiedener Rücksicht *pactum unionis, receptionis* und *subjectionis* heißen kann.

§. 259.

Jedem Gliede der Gesellschaft kömmt, als Gliede derselben, das Zwangsrecht auf diejenigen Handlungen und Unterlassungen jedes andern Mitglieds dieser Gesellschaft zu, wozu sich dasselbe durch den Gesellschaftsvertrag äusserlich vollkommen verpflichtet hat, und zwar unter den im Vertrage bestimmten Bedingungen.

Alles dasjenige, was von Vertragsrechten überhaupt, ihren Bedingungen, Veränderung, Verletzung, und Vertheidigung gilt, alles das gilt auch von den Gesellschaftsrechten.

§. 260.

Die ganze Gesellschaft ist, in Bezug auf solche Menschen, welche nicht Glieder dieser Gesellschaft sind, durch ihre Vereinigung als eine moralische Person, d. h. als ein Subjekt besonderer, sowohl natürlicher als erworbener, durch Zueignung und Vertrag bestimmter, Rechte anzusehen.

§. 261.

Ehe (matrimonium) in rechtlichem Sinne ist eine rechtmäßige Gesellschaft zwischen Personen beyderley Geschlechts, zu wechselseitiger Befriedigung des Geschlechtstriebes.

(Die Grunderklärung des Begriffs von Ehe im Naturrecht darf keine moralischen Bestimmungen enthalten, sie darf sogar überhaupt nicht synthetisch, sondern nur analytisch seyn, um die Untersuchung frey zu lassen.)

§. 262.

Da jeder Mensch die Freyheit hat, seine Triebe und die Triebe des andern zu befriedigen oder nicht zu befriedigen, und jedem Menschen ein unbeschränktes natürliches Eigenthumsrecht auf seinen Leib, folglich auch auf die Zeugungsorgane zukömmt; der Geschlechtstrieb aber nur durch andere freye Menschen gehörig befriediget werden kann; so ist diese Befriedigung nur durch einen Vertrag (Sponsalia) juridisch möglich.

§. 263.

Moralisch soll die Ehe sich den Bedingungen unterwerfen, unter welchen sie mit der Würde der Menschheit, und mit ihren nothwendigen Zwecken auf das vollkommenste übereinstimmt; im Naturrecht aber kömmt es blos auf die äussere vollkommene Rechtmäßigkeit an. Diese erfordert

1) rechtliche Möglichkeit und Würklichkeit eines Vertrags, ohne welche die Befriedigung des Geschlechtstriebes gesetzwidrig seyn würde; ins besondere darf dieser Vertrag nicht das äussere Recht eines dritten verletzen;

2) **Haltung des Vertrags,** d. i. Leistung des Versprochenen oder Schadenersatz.

In Ansehung der Zahl der paciscirenden Personen, der Zeit, auf welche die Ehe geschlossen wird, und der Nebenbedingungen, unter welchen dieses geschieht, kann das Naturrecht nichts schlechthin allgemeines festsetzen, was zur juridischen Möglichkeit eines Ehevertrags nothwendig gehörte.

Dieser Vertrag wird übrigens, wie jeder andere Vertrag, mit oder ohne Leistung g e s ch l o s s e n, v e r ä n d e r t, e r f ü l l t oder a u f g e h o b e n.

§. 264.

Eine **Kirche** *(ecclesia)* als ein **ethisches gemeines Wesen,** d. i. als eine Gesellschaft, die unter gemeinsamen moralischen (zwangsfreyen) Gesetzen zur Einheit des gemeinschaftlichen höchsten Vernunftzwecks, nemlich des höchsten Gutes, zusammenstimmt, ist in so fern kein Gegenstand der äussern Erfahrung und Beurtheilung, folglich auch kein Gegenstand des Naturrechts.

§. 265.

Die Kirche als eine Gesellschaft, welche sich zur gemeinschaftlichen äussern Religion vereinigt, ist eine moralische Person, welche in ihren Gliedern äusserlich erscheint, und also äusserer Rechte fähig ist.

§. 266.

Ueber das Aeussere der Religion können die Menschen andern Menschen gewisse Rechte über sich einräumen, Verträge darüber schliessen, und auf Haltung dieser Verträge dringen. Das Objekt, worüber die Kirchenglieder unter sich paciscieren, ist wechselseitige Beförderung des äussern gemeinschaftlichen Cultus. Dahin gehört theils die Bestimmung der öffentlichen kirchlichen Lehrsätze, theils Bestimmung der Liturgie. Ausserdem kann der kirchliche Vertrag auch ein *pactum subjectionis*, und eine besondere Kirchengewalt enthalten.

§. 267.

Ueber das Innere der Religion ist ein rechtlicher Vertrag physisch unmöglich, und ohne Vertrag ist ein jeder Versuch, einen andern Menschen in Absicht auf das blosse Innere gewaltsam bestimmen zu wollen, schlechthin widerrechtlich; weil der innere Freyheitsgebrauch jedes einzelnen mit dem gleichen Freyheitsgebrauche aller andern besteht, folglich rechtmäßig ist.

Ueber unsichtbare unsinnliche Güter, und über Güter einer andern Welt ist die Behauptung eines Vertrags physisch unmöglich. Wer indessen die äussere Zusicherung dieser Güter selbst für ein Gut hält, der kann darüber, als über ein Objekt der äussern Erscheinung, mit einem andern pacisciren, wie es ihm gefällt.

§. 268.

Jeder darf aus dem kirchlichen Vertrage heraustreten, so fern er keines Mitgliedes Rechte verletzt; der kirchliche Vertrag kann auch geändert werden u. s. w. wie jeder andere.

§. 269.

Die Kirche ist für sich selbst betrachtet eine moralische Person, die nicht nur in Bezug auf ihren Hauptzweck, sondern auch in anderer Beziehung, das Subjekt natürlicher und erworbener Rechte seyn kann.

§. 270.

Im Falle der Beleidigung kann die Kirche Zwang gegen ihre Mitglieder und gegen Fremde; kann jeder andere Zwang gegen die Kirche gebrauchen.

Die wahre Kirche hat kein natürliches Vorrecht vor der falschen.

§. 271.

Unter dem Staate im weitläuftigen Sinne, oder einer bürgerlichen Gesellschaft, verstehen wir eine rechtmäßige Gesellschaft freyer Menschen zur Sicherung ihrer Menschenrechte mit Gewalt.

§. 272.

Unter dem Staate in engerer Bedeutung (C.vitas), verstehen wir eine bürgerliche Gesellschaft (281), durch deren Verfassung der freye Wille einiger Bürger dem freyen Willen eines oder einiger andern Bürger untergeordnet wird.

§. 273.

Die bürgerliche Gesellschaft überhaupt setzt ihrer rechtlichen Möglichkeit nach einen gesellschaftlichen Vertrag; der Staat insbesondere einen Civilvertrag, d. i. theils einen bürgerlichen Vereinigungsvertrag, theils einen bürgerlichen Unterwerfungsvertrag voraus.

Jener vereinigt alle Staatsbürger für den Zweck des Staats, berechtigt jeden für den allgemeinen Schutz seiner Rechte, und verpflichtet jeden zu dem verhältnißmäßigen Schutz der Rechte aller übrigen Mitbürger.

Dieser vereinigt alle Staatsbürger für eine gewisse Bestimmung der Mittel zu Realisirung des Staatszwecks, d. h. er bestimmt durch den einhelligen Willen aller Bürger, wie und durch wen die **Staatsgewalt**, d. i. das höchste Zwangsrecht, gegen jeden Verletzer der Rechte verwaltet werden soll.

§. 274.

Obgleich die **Schliessung eines solchen Vertrags** schon an sich eine **Pflicht** ist, so soll derselbe dennoch, in Ansehung freyer und der Kenntniß und Verwaltung ihrer Rechte fähiger Menschen, durchaus **nicht bloß präsumirt**, sondern **würklich**, es sey ausdrücklich oder stillschweigend d. i. durch eine freywillige Annahme der bedingten Leistung des Staates geschlossen werden. -

Alles, was von Verträgen, ihrer Möglichkeit, Würklichkeit, Schliessung, Aenderung, Aufhebung, Verletzung und Vertheidigung überhaupt gilt, das gilt auch von dem bürgerlichen Vertrag und seinen Folgen.

Die moralische Unbilligkeit, oder der schädliche Einfluß eines solchen Vertrags auf die Glückseligkeit oder Vollkommenheit der Menschen, hebt seine juridische Gültigkeit nicht auf, wenn derselbe nur physisch und juridisch möglich, also freywillig, ist.

Eben so wenig kann aber auch aus der physischen oder moralischen Schädlichkeit der Folgen, welche die Veränderung oder Aufhebung des bürgerlichen Vertrags hervorbringen möchte, die äussere Unrechtmäßigkeit derselben gefolgert werden.

§. 275.

Der Staat existirt, mit allen seinen Rechten, so lange als noch Personen existiren, welche den darüber geschlossenen Vertrag unter sich genehmigen. Nun findet aber keine einseitige willkührliche Aufhebung oder Veränderung eines Vertrags überhaupt statt; folglich kömmt dem Staate ein äusseres vollkommenes Recht zu, gegen jeden Menschen, welcher ohne seine Einwilligung sich dem Staate eigenmächtig zu entziehen, oder seine Verfassung aufzuheben oder abzuändern unternimmt, alle ihm mögliche Gewalt zu gebrauchen, um ihn zur Leistung oder zu einem, von dem Staate selbst zu bestimmenden, Schadenersatz zu zwingen.

Die Pluralität der Unzufriedenen, ihre grössere physische Macht, und die Grösse der physischen Uebel, welche aus der paciscirten Verfassung und aus der vielleicht unklugen oder unsittlichen, aber doch nicht vertragswidrigen und ungerechten, Verwaltung herfliessen, schränkt das Recht des bestehenden Staats durchaus nicht ein.

§. 276.

Wenn der Regent das *pactum subjectionis* verletzt, und die Staatsgewalt gegen den ausdrücklichen oder stillschweigenden, aber nicht bloß präsumirten, Vertrag gebraucht; so ist er rechtlicher Weise nicht mehr Regent, wofern nicht das regierte Volk ausdrücklich oder stillschweigend in sein Verfahren einwilligt, d. h. den geschlossenen Vertrag aufhebt oder abändert.

Aber nur dem ganzen Volke, nicht einem einzelnen Theile desselben, wäre dieser Theil auch die überwiegende Pluralität desselben, kömmt hierüber ein rechtskräftiges Urtheil und ein rechtlicher Entschluß zu Vollziehung desselben zu.

§. 277.

Wenn der Regent das *pactum* nicht verletzt, so hat gegen ihn auch **nicht einmal das ganze Volk ein Recht, den Staat einseitig aufzuheben,** oder den Regenten abzusetzen; der Regent hat aber auch gegen das Volk, wenn dieses sein pactum erfüllt, kein Zwangsrecht.

§. 278.

Eine **Staatsveränderung,** d. i. eine Veränderung der Verfassung des Staats, ist denkbar durch einen rechtmäßigen Vertrag, als **Staatsreform** — oder durch einseitige Gewalt, als **Staatsrevolution.**

§. 279.

Das Volk darf seine Staatsverfassung nicht gewaltsam ändern, ohne Einwilligung des andern paciscirenden Theils des Regenten; der Regent darf es auch nicht, ohne Einwilligung des ganzen Volks. Folglich ist jede eigentliche **Staatsrevolution unrecht.**

§. 280.

Allein **gegen unrechtmäßige Gewalt, d. h.** gegen eine willkührliche Einschränkung der Freyheit, wozu ein Mensch weder unmittelbar noch mittelbar durch einen Vertrag eingewilliget hat, ist es kein äusseres Unrecht, Gewalt zu gebrauchen. — Ob es moralisch erlaubt, ob es zweckmäßig und thunlich sey, für das Volk oder für den Regenten, von diesem Rechte in concreto Gebrauch zu machen, dieß ist gar keine Rechtsfrage.

§. 281.

Der ganze Staat, und so auch jedes Volk, hat als eine moralische Person seine ursprünglichen Rechte, worinn sich ferner die Möglichkeit gründet, sich auch neue Rechte zu erwerben, sie zu veräussern, zu verlieren, und gegen Angriffe zu vertheidigen. Hier behaupten dieselben rechtlichen Grundsätze, welche bey physischen Personen gelten, ebenfalls ihre Gültigkeit.